讲给孩子的
故宫里的明清史

少年天子是怎么"炼"成的

阎崇年 著

童趣出版有限公司 编　　人民邮电出版社出版

北　京

U0782126

图书在版编目（ＣＩＰ）数据

讲给孩子的故宫里的明清史. 清朝. 2：少年天子是
怎么"炼"成的？ / 阎崇年著；童趣出版有限公司编 .
-- 北京 ：人民邮电出版社，2023.3
ISBN 978-7-115-61096-6

Ⅰ. ①讲… Ⅱ. ①阎… ②童… Ⅲ. ①中国历史－清
代－少儿读物 Ⅳ. ①K248.09

中国国家版本馆CIP数据核字(2023)第003304号

著　　　　：阎崇年
责任编辑：齐　迹
执行编辑：张　宁
责任印制：孙智星
美术编辑：王东晶
排版制作：北京卡古鸟艺术设计有限责任公司

编　　　：童趣出版有限公司
出　　版：人民邮电出版社
地　　址：北京市丰台区成寿寺路 11 号邮电出版大厦 （100164）
网　　址：www.childrenfun.com.cn

读者热线：010-81054177　　　经销电话：010-81054120

印　　刷：雅迪云印（天津）科技有限公司
开　　本：889×1194　1/16
印　　张：5
字　　数：120 千字

版　　次：2023 年 3 月第 1 版　2023 年 3 月第 1 次印刷
书　　号：ISBN 978-7-115-61096-6
定　　价：32.80 元

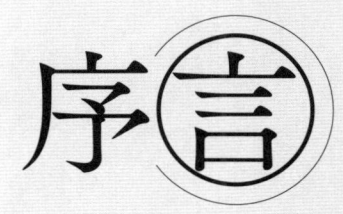

序言

亲爱的小朋友，你好！我已经快90岁了，头发和胡子都变成白色的了。为什么我年纪这么大了，还要给你写故宫的故事呢？

记得我很小的时候，住在山东蓬莱一个依山傍海的小村子里。寒冬的夜晚，我常常躺在热炕头上，听奶奶给我讲故事。因为我的爷爷和爸爸都在北京工作，他们回家探亲时分享了很多北京和故宫的故事，所以奶奶很喜欢给我讲北京的故事、故宫的故事。她常说："北京有几道很大很高的灰色城墙，还有绿色的护城河，城墙围起的那座城叫紫禁城，也就是现在大家常说的故宫。紫禁城里有红墙黄瓦的宫殿，是明清两朝的皇帝居住的地方，在那里发生了很多很多故事。"在奶奶滔滔不绝的讲述中，我对这些故事十分痴迷，对故宫越发感兴趣。

后来，我到北京上学，爸爸特意带我去参观了故宫。不仅如此，我和故宫也格外有缘分——我在北京的家离故宫很近，南北仅有一街之隔；读书的学校也离故宫很近，东西也仅有一街之隔。

也许在冥冥之中，奶奶给小时候的我所讲的故宫故事，深深地影响了我。大学时，我选择了就读历史系。毕业以后，我选择了研究历史的学术道路，着重研究明朝和清朝的历史。于是，故宫就进入了我的研究领域。

从2000年开始，我集中更多的时间和精力，着手读故宫、写故宫、讲故宫。我在中央电视台《百家讲坛》节目中同大家分享过我的研究成果，出版了《正说清朝十二帝》《康熙大帝》《大故宫》《故宫疑案》《故宫六百年》《大故宫六百年风云史》等图书，还在喜马拉雅网络音频平台上讲过《大故宫 600 年风云史》。除此之外，我在全国各地，甚至在美国、日本、韩国、新加坡、马来西亚等许多国家都讲过故宫。遗憾的是，这些年来，我给很多成年人讲过故宫，但唯独没有给小朋友讲过故宫。

3 年前，童趣出版有限公司的总经理史妍老师邀请我给小朋友写一套"故宫里的明清史"，讲讲故宫建成 600 多年以来，发生过哪些有趣的历史故事，并且解读故事背后的那些有益的道理。我很高兴地答应了史妍老师的邀请，写出了我这辈子第一套给小朋友看的书。

亲爱的小朋友，不知道你有没有自己的小书架，如果有的话，我期待着你把这套书放在你的小书架上，抽空就翻一翻、读一读、看一看、想一想，从中长知识、增智慧、润品德、强身体，长大后成为一个对国家、对社会有用的人才！

阎崇年

2022 年 10 月

目录

康熙
（1662 年—1722 年）

南书房的智囊团

南书房的成立给皇帝带来了什么好处？

康熙皇帝亲政后住在乾清宫，每天在乾清门"御门听政"。乾清宫和乾清门，以及周围的宫殿、廊屋，围成了一个大院子。这个大院子，是当时的政治中心和权力中心。康熙皇帝日常办公、接见大臣、读书学习、生活起居等都在这里进行，这里还有大名鼎鼎的尚书房和南书房。尚书房是皇子们读书的学堂，那南书房是做什么的呢？

南书房是什么地方？

康熙皇帝的南书房，就是他的秘书处、机要处和智囊团所在地。南书房位于乾清宫的斜对面，原本是顺治皇帝和康熙皇帝读书的地方，俗称"南斋"，后来才被称为"南书房"。那康熙皇帝为什么要设立南书房呢？

废除了四大臣辅政体制之后，康熙皇帝立即着手建立了以皇帝为中心的内阁体制。内阁大臣办公的地方叫"内阁大堂"，就在文华殿的南面。康熙皇帝希望随时能和这些有学问的官员商议国家大事、写字品画、研讨经史，但内阁大堂离乾清宫比较远，而且这些官员晚上就回家了，不能满足康熙皇帝随时召见的需要。于是，康熙皇帝就在乾清宫的院子里又设立了一个机构，也就是南书房。南书房的设立也起到了制约其他权力机构的作用，让皇权更加稳固。

老子曰大道无

行日月

强名曰道夫道

南书房和内阁不一样，内阁属于外朝，而南书房则属于内廷。在南书房工作的翰林，就是"南书房翰林"，也可称为"南书房行走"。他们进出南书房，必须在内监或侍卫的陪同下进出乾清门，不可以单独进出，也不可以在乾清门内的院子里随意走动。康熙皇帝在南书房的时候，他们都要站到门外回避。叫到谁，谁就进屋，没叫到的，就在门外等候，直到皇帝离开才能进屋。皇帝和每位翰林的谈话内容都是机密，任何翰林都不能外传，更不得互相打探。

南书房的每位翰林都有不同的专业或特长。下面我要介绍的这两位南书房翰林，一位是康熙皇帝的书法老师，一位是他的绘画老师。

直言不讳的沈荃

康熙皇帝自幼酷爱书法，时常临摹李世民、赵孟頫（fǔ）、董其昌等名家的书帖。南书房设立以后，他在这里得到了书法家沈荃的悉心指点。

沈荃是江南华亭（今上海市松江区）人，在顺治年间考中探花——也就是进士榜一甲第三名。沈荃一开始在地方上做官，因为擅长书法、作品闻名天下而调任京城，入直南书房，官至国子监祭酒、礼部侍郎。不少御制的碑文、屏风、楹联等，都是由沈荃书写的。在南书房工作期间，沈荃经常给康熙皇帝讲解各种书法，并做出示范和指导。他敢于指出康熙皇帝书写时的问题，并能分析出其中的原因。康熙皇帝的书法功底深厚，不仅在于他个人的勤学苦练，更得益于像沈荃这样的南书房翰林的精心指导。

沈荃为人正直，敢说真话。康熙十八年（1679 年）大旱，很多天都没有下雨。这种情况在我们今天看来是气象的原因，但在古人眼里，这都是因为皇帝做错了事，招来了上天的惩罚。于是，康熙皇帝下令广开言路，让官员们谏言。当时正在更定新律法，其中有一条是说有罪之人应该流放到极北的苦寒之地。廷议时，沈荃说："极北之地非常寒冷，人畜多有冻死，如今要把罪不至死的人流放到那个地方，无疑是另一种死刑！应该按照旧例流放，不能驱之死地。"康熙皇帝一开始没有采纳他的建议，沈荃又说："我的建议实行下去的话，如果三日内不下雨，那我甘愿承担欺君之罪。"他的坚持让康熙皇帝采纳了他的建议。

画技高超的王原祁

除了沈荃这样的书法大家，南书房还

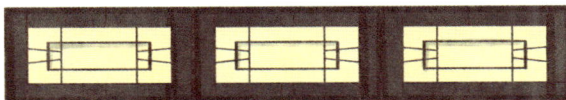

有许多出色的绘画大师，王原祁就是其中一位。

王原祁是江南太仓（今江苏省太仓市）人，出身官宦门第，来自文学、绘画世家，家族的文化底蕴非常深厚。王原祁的先祖王锡爵是明朝万历年间的大学士、首辅。后来明亡清兴，时代变革，王氏一门不再从政，专攻绘画。王原祁的祖父王时敏是一代画苑领袖，王家四代都以绘画闻名于世。王原祁自幼就开始学习绘画，一生都在潜心研究画技。有一次，他画了一幅山水图，画完之后挂在了墙上。他祖父王时敏看见了问："我什么时候画了这幅画？"家人说："这是原祁画的。"王时敏听了

赞叹道："这个孩子的绘画成就肯定会超过我！"

康熙九年（1670年），王原祁考中进士，官至户部侍郎，后来入直南书房。康熙皇帝经常召见王原祁，观摩他作画。王原祁曾奉命鉴定宫里收藏的字画，纂（zuǎn）辑《佩文斋书画谱》，主持绘制《万寿盛典图》。时人评论王原祁和他的画说："阅尽古人名画，看遍九州山水，神与天地游，意在笔墨外。"

南书房人才济济，这些翰林的功夫既在书房内，又在书房外，他们走出南书房之后，有的做了尚书、侍郎，有的做了大学士、军机大臣。南书房在康雍乾三代帝王时期发展、兴盛，直到光绪二十四年（1898年）才撤销。

大讲堂 阎爷爷 ?

在皇宫里，内廷官员有哪些人呢？

一是御前大臣，多是亲王权贵；二是领侍卫内大臣，这些内大臣全部出自满洲正黄旗、镶黄旗和正白旗这上三旗；三是内务府总管大臣；四是南书房翰林；五是尚书房师傅；雍正朝以后又增加了军机大臣。这些人或者在内廷办公，或者就陪侍在皇帝身边，是距离皇帝最近的官员。

02

康熙皇帝为什么非要撤藩？

康熙皇帝和吴三桂的博弈

康熙皇帝亲政后，在乾清宫的柱子上面写下了他心里亟待解决的3件事：三藩问题、黄河的治理和大运河漕运。第一件事就是解决三藩问题。

三藩问题的由来

我们先来了解一下，什么是"三藩"。早在康熙皇帝的祖父皇太极执政的时候，明朝有3位重要的汉族官员投降了皇太极，他们就是孔有德、耿仲明和尚可喜。皇太极把他们都封为藩王，其中孔有德为恭顺王、耿仲明为怀顺王、尚可喜为智顺王。顺治元年（1644年），明朝宁远总兵官①吴三桂在山海关向多尔衮投降，被封为平西王。

这4位汉族王爷都有自己的军队，他们归顺清朝后，军队依旧由他们各自统领，没有编入八旗。他们配合八旗军征战南明军队以及农民军，为清朝夺取全国政权立下了汗马功劳，同时也扩张了自己的势力。后来，孔有德镇守桂林，桂林被南明军队攻破，孔有德自杀。于是，"四王"就只剩下了"三王"。清军入关以后，清朝皇帝把平西王吴三桂分封到云南，兼管贵州；把尚可喜分封到广东为平南王；把耿仲明之子耿继茂分封到福建为靖南王。这就是"三藩"的由来。

---

① 明朝武官，无品级，无定员。

三藩很快就走上了拥兵自重、与朝廷相抗衡的道路。他们在自己的"独立王国"里，肆意掠夺和垄断当地资源以扩充实力。尚可喜和耿继茂趁着海禁，与荷兰及东南亚各国私自贸易往来，获利难以计数。吴三桂霸占大量土地，遍置藩庄，又将昆明周边圈为牧场，强迫平民做劳力；在云南、贵州两地自行选派官员，称为"西选"。三藩设立税卡，广征关税；垄断盐井、金矿、铜山等暴利产业；私自铸钱，铸造的"西钱"遍布西南地区；肆意圈占土地，不把朝廷放在眼里。

不仅如此，三藩还消耗了国家大量赋税。顺治十七年（1660 年）国家的赋税收入共计 2500 多万两白银，而云南一个省就要耗费 900 多万两白银，加上福建、广东两省，一共需要 2000 多万两白银，和全国税收相差无几。直到康熙十一年（1672 年），三藩每年所需的白银仍高达 500 万两之多，所以当时有"天下财赋，半耗于三藩"的说法。

联姻后的结果

清朝政府一开始对三藩采取的是笼络措施，通过把公主下嫁给藩王之子来安抚和控制三藩。比如，顺治皇帝的妹妹嫁给了吴三桂的儿子吴应熊，顺治皇帝还在京城赐了府第给他们；尚家的后代尚之隆和尚之孝、耿家的后代耿昭忠和耿聚忠，也都是皇帝的女婿……但联姻后却出现了一个皇帝没有料到的结果——三藩通过与皇族的联姻，得以在京城中建立起自己的势力，对朝廷的一举一动都了如指掌。而三藩通过联姻，他们之间的关系也更加紧密。

就这样，以吴三桂为代表的三藩势力逐渐成为占据要地的地方割据势力，形成了尾大不掉之态。所以在铲除鳌拜势力之后，康熙皇帝接着就想解决三藩问题。机会很快就来了……

三藩之乱

康熙十二年（1673 年）二月，平南王尚可喜向皇帝上奏疏，说自己想回老家辽东去养老，希望皇帝能把藩王之位交给他的儿子尚之信承袭。吏部提议以"藩王还在世"为由，不批准移袭王爵。康熙皇帝接受了吏部的提议，并下令让尚可喜全藩北撤。这个结果让吴三桂和耿精忠（耿继茂之子）非常不安，于是他们也相继提出了撤藩的请求，以此试探朝廷对撤藩之事的态度。

收到奏疏后的康熙皇帝召开朝廷会议

讨论这件事。经过讨论后，大家一致决定裁撤"耿藩"，而对于势力最大的"吴藩"怎么处理，却商量不出一个结果。以大学士索额图为首的大部分官员认为裁撤"吴藩"会逼得吴三桂造反，主张维持现状；而兵部尚书纳兰明珠等少数官员则主张借机一起裁撤。经过再三考虑，康熙皇帝认为吴三桂蓄谋已久，撤藩会反，不撤藩迟早也会反，不如先发制人；又觉得吴三桂之子、耿精忠诸弟都在京城，吴三桂和耿精忠二人目前不敢妄动，最终决定一起裁撤。

康熙十二年（1673 年）十一月，接到撤藩谕旨后，吴三桂意识到自己世守云南的愿望已经落空，于是集合藩下官兵，杀害了云南巡抚，自称"天下都招讨兵马大元帅"，以次年为周元年，恢复汉制，蓄发易服，公开举起叛旗。战报传到京城，举朝为之震动，当初廷议时反对撤藩的索额图等人提议处斩主张撤藩的大臣，并同叛军讲和。康熙皇帝拒绝了这些建议，毅然决定继续撤藩。康熙皇帝立即进行全面的军事部署，派大军进行镇压；囚禁了留居京城的吴三桂之子吴应熊、孙子吴世霖等人；削夺了吴三桂的官爵，公布了他的罪状，以此表明自己平叛的决心。

吴三桂起兵反叛后，福建的耿精忠起兵响应，广东的尚之信也挟持他的父亲尚可喜反叛。三藩先后攻陷了中南西南六省（云南、贵州、四川、湖南、广东、广西）；原吴三桂部下的总兵官、陕西总督王辅臣继而起兵，杀经略大臣，攻陷兰州；除此之外，吴三桂散于各地、拥有重兵的党羽及一些受吴三桂"反清复明"口号影响的汉族文武官员亦纷纷举事……数月之间，中原动荡，烽火遍及大半个中国。紧接着，蒙古林丹汗的孙子布尔尼也突然反叛；还有个自称"朱三太子"（崇祯皇帝之子）的杨起隆，也在京城举火起事；台湾的郑成功之子郑经也发兵策应三藩反清。当时正赶上京城大地震、太和殿失火、皇后病逝等事件，京城守备

空虚，为了避祸，有的官员将家眷秘密送出京城……朝里与朝外，天灾与人祸，真是内外交困、局势严峻。大清生死存亡之际，康熙皇帝该怎么办呢？

康熙皇帝的果决

康熙皇帝运筹帷幄，调度全局。对于自称"朱三太子"的杨起隆，康熙皇帝果断将其斩首，随即张榜安民；对于王辅臣，康熙皇帝认为他是被迫造反的，所以特意下令善待他的家人，又派王辅臣之子王吉贞带着免罪诏书去招抚他，加之武力威慑，王辅臣最终投降。用"剿抚并用"的策略收服了王辅臣后，康熙皇帝将这一策略推广到各个战场，下令凡是叛变者，只要是真诚悔罪，都可以宽恕，而招抚的重点对象就是耿精忠和尚之信。

起兵后的吴三桂并没有渡江北上的意思，他的真实目的是想以武力威胁康熙皇帝收回成命，迫使清廷与他划江而治。康熙皇帝为断了吴三桂的妄想、激励三军将士，下令将吴三桂之子吴应熊、孙子吴世

霖等人处死，并将耿精忠等人的爵位一概削去，以表示毫无妥协的余地。消息传到吴三桂耳中时，他正在吃饭，闻讯大惊失色，仰天长叹："完了！"

康熙十七年（1678 年）三月初一，吴三桂为了鼓舞士气，在衡州（今湖南省衡阳市）称帝，定国号"大周"，年号"昭武"，改衡州为定天府，大封诸将百官。举办登基大典时，来不及建造宫殿，只能把屋顶上的瓦片用油漆涂成黄色，地上铺席子来替代朝贺的地毯。谁知仪式刚刚开始举行，忽然就刮起了大风，席子被卷起来飘走了，接着大雨如注，最后只好草草收场。

吴三桂不久之后就病死了，他的孙子吴世璠继位。清军趁机发动进攻，收复了长沙、衡州。与此同时，康熙皇帝还特意下令：投降的人赦免罪责，有功的人可以继续任用。清军很快就收复了湖南、广西、贵州、四川的大片土地。康熙二十年（1681 年）年底，清军攻破昆明，吴世璠自杀。延续 8 年之久的"三藩之乱"终于被平定。胜利的消息传到京城，康熙皇帝写了一首诗——《滇平》作为纪念，最后一句写道："回思几载焦劳意，此日方同万国欢。"

顺利平叛的根本原因

这是康熙皇帝第一次指挥如此大范围的平乱，他每日早早起身在乾清门听政，亲自听取前线将领的奏报，研究前线主帅

绘制的战场形势图，确定作战方略。平叛战争的最初几年，每天的军报多达三四百件，康熙皇帝都亲自批阅，有条不紊地发布指令，基本都能切中要害。

平叛的 8 年，对康熙皇帝而言，无论是增长自然年龄还是丰富社会阅历，都是相当关键的时期。康熙皇帝一生持之以恒，广为世人称道的治国风格和政治经验，大多都来自这 8 年的磨炼。他后来多次对别人谈及战争前后自己的变化，说："前者凡事视之以为易；自逆贼变乱之后，觉事多难处，每遇事必慎重图维，详细商榷而后定。"

而吴三桂，在明清的松锦大战中，身为大明宁远总兵官，率先逃跑的是他；背叛大明、投降李自成的是他；背叛李自成、投降清廷、带领清军进入山海关的又是他；残害南明永历皇帝的还是他。此时他身为大清的平西王，又起兵叛清。吴三桂的种种行为，让他提出的"反清复明"口号，失去了普遍号召力；加之各路叛军是一些不相统属、各行其是、时降时叛的骄兵悍将，这让他们最终分崩离析，从主动走向被动。另一方面，清廷征剿反叛的地方割据势力，师出有名，得到了百姓的拥护；同时，作为最高指挥者的康熙皇帝，其个人的意志力、执行力和正确的决策也是战局转变的重要因素。

康熙皇帝面对的问题及应对措施

- 吴三桂起兵反叛 —— 坚决撤藩，绝不和解
- 耿精忠起兵响应吴三桂 —— "剿抚并用"，收服
- 尚之信挟持尚可喜反叛 —— "剿抚并用"，收服
- 以王辅臣为代表的汉族官员纷纷起事 —— "剿抚并用"，收服
- 杨起隆自称"朱三太子"举火起事 —— 果断斩首，张榜安民
- 蒙古布尔尼反叛 —— 将其孤立，派兵围剿
- 台湾郑经起兵策应三藩 —— 派施琅率军收复台湾

03

一颗蜡丸的秘密

小小的蜡丸是怎么改变两个人的命运的？

正如前文所讲，三藩之乱时，战火遍布大半个中国，很多人的命运因此而改变，陈梦雷就是其中的一个。

陈梦雷是福建侯官（今福建省福州市）人，他21岁①就考中了进士，23岁进入翰林院做编修。康熙十二年（1673年）十二月，陈梦雷请假送父母回福建老家。不料刚到家不久，靖南王耿精忠就在福建起兵反清了。耿精忠强迫陈梦雷为自己效力，陈梦雷推托不掉，就躲进庙里不出来。于是，耿精忠就把陈梦雷的父亲抓了起来，陈梦雷只好从命，但是他以身体有恙为由拒绝接受官印。

一颗蜡丸终结的友谊

陈梦雷有一位同乡好友，叫李光地，两人同年考中进士、同年任编修，此时李光地也被迫滞留老家。两个人经过一番密谈后，最后决定由李光地设法回到京城，把有关叛军的情报上交给朝廷，陈梦雷则留下和叛军周旋。

---

① 本书人物年龄统一按照虚岁计算。

想要完整实施这一计划，其中的关键，就是情报。陈梦雷将叛军内部的详细情况写在纸上，密封进一颗蜡丸里。蜡丸一般是用来装中药丸的，它的外壳是用蜡做成的。把中药丸放进壳里，再用蜡封起来，可以把中药保存得很好。陈梦雷把情报伪装成中药丸，交给李光地。李光地向陈梦雷保证说："拜托你照顾我的家人，等到胜利的时候，你的情况我负责向朝廷说清楚。"

李光地派人先从小路赶到京城，设法把蜡丸交给了康熙皇帝，康熙皇帝看到以后非常感动，表彰了李光地的英勇和忠心。但是李光地是以他个人的名义呈献的蜡丸，并没有提及陈梦雷。

李光地本人当时也没有顺利回京，而是被迫滞留在了泉州，直到康熙十九年（1680 年）他才回到京城。康熙皇帝后来非常信任和重用李光地，提拔他为内阁学士，还经常和他商讨重要事宜。但陈梦雷却在三藩之乱平息以后，以附逆罪被判为死刑，后被改为发配奉天（原盛京，顺治时改为奉天，今辽宁省沈阳市）为奴。绝望中，陈梦雷写下了这样的句子："痛友谊之不终，古风扫地；望君门而独远，血泪呼天！"

陈梦雷刚到奉天不久就病倒了，幸好受到一位和尚的关照，住进了龙王庙。后来，奉天府的官员高尔位惜才，让陈梦雷主持纂修《盛京通志》。陈梦雷在奉天既编书又读书，住在草房里，可谓"四壁图书列，烟光一径深"。

从流放犯到松鹤老人

康熙三十七年（1698 年），康熙皇帝到奉天谒陵时，见到了陈梦雷。陈梦雷向皇帝献了诗，诉说了自己当年和李光地合作进献蜡丸的事。当天晚上，康熙皇帝命他到驻扎的大营，结束了他 17 年的流放生活。

康熙三十八年（1699 年）六月，康熙皇帝赐给陈梦雷一处宅子，让他辅导皇三子诚郡王胤祉（zhǐ）读书。陈梦雷学识渊博，胤祉非常佩服他，于是在父亲面前称赞陈梦雷的学问很好。正好当时康熙皇帝有意编一部大型类书，于是就命胤祉组织一些像陈梦雷这样的人才，着手编书。

接到父亲的旨意后，胤祉在城西北买下了一座庭园（今清华大学校内），作为编书的场所，他特意请陈梦雷参与编书，还拨来"协一堂"的藏书，又雇人帮忙誊写。康熙皇帝还曾赐给陈梦雷一副亲手写的对联："松高枝叶茂，鹤老羽毛新。"

这年陈梦雷 55 岁，从此他就自号"松鹤老人"。

《古今图书集成》的诞生

从康熙四十年（1701 年）十月开始，陈梦雷将胤祉找来的藏书和自家的藏书共计 15000 余卷，分门别类加以编辑。陈梦雷怀着一颗感恩的心，靠着读书 50 年积累下来的学识，不分昼夜，勤奋工作。不到 5 年的时间，就完成了这部类书的编纂，陈梦雷给它暂定书名为《文献汇编》。

康熙皇帝对《文献汇编》极为重视，赐书名为《古今图书集成》，组织人手进行补充修订和充实完善，并决定用当时最先进的印刷技术——铜活字印刷术来印制这部书，特意派人制造了大量铜活字，存放在武英殿活字版处。但是到这部书正式付印之时，康熙皇帝已经去世了。

康熙皇帝去世后，雍正皇帝继位。胤祉被贬去为康熙皇帝守陵，73 岁的陈梦雷也受到牵连，再次蒙难，被流放到东北。

雍正皇帝命户部左侍郎蒋廷锡修订《古今图书集成》。蒋廷锡做了部分校订，雍正皇帝亲自为此书作序，于雍正六年（1728 年）下令印制了 64 部，另样书 1 部。《古今图书集成》是一部集大成的书，采撷广博，内容非常丰富，上至天文，下至地理，中有人类、禽兽、昆虫等博物内容，乃至文学、乐律、经济等，包罗万象。它集清朝以前图书之大成，总字数达到 1 亿多字，共计 1 万卷，分订 5000 多册。《古今图书集成》保存了许多珍贵的文献资料，为后人在浩瀚的书海里查找所需知识提供了方便。

这部凝聚着陈梦雷毕生心血的书，虽然最后被删掉了署名，但是他已经在编书的过程中收获了冤案被平反、学识被赏识的满足。而那颗蜡丸的秘密，对他来说，或许早已不重要了。

04

皇帝身边的翰林之家

张家为什么能成为书香世家？

每天在南书房办公的官员，可以说是离皇帝最近的官员了。当时的皇城只能由满族八旗贵族和亲军的官兵来居住，但是康熙皇帝破例把皇城西安门内的一处宅子赐给了南书房的一名汉族官员，这个人就是张英。从张英开始，张家便以读书科考传家，家族中有4人做过帝师，是皇帝身边最为传奇的翰林之家。

让他三尺又何妨

张英是安徽桐城（今安徽省桐城市）人，考中进士后进入翰林院为官，他是第一批入直南书房的官员之一。康熙皇帝每天处理完政事后，就到南书房和张英等人讨论经史、诗词。康熙皇帝非常欣赏张英的能力，平定三藩之乱期间，军务繁忙，军报多的时候一天有三四百件，康熙皇帝就委托张英协助处理了不少政务。在南书房工作期间，张英每天从早到晚都随侍在康熙皇帝身边；康熙皇帝到地方巡视，也会让张英跟随；政务上的很多文件都交由张英执笔起草。常伴皇帝身边的张英始终保持着恭敬和善、谨言慎行的作风，所以康熙皇帝说张英"始终敬慎，有古大臣风"。有一个"六尺巷"的故事，就形象地证明了这一点。

张英老家的邻居吴家要扩大院墙，占了张家的地方，张家不让。官司打到县衙里，张家是显赫的官宦之家，吴家是一方富豪，县令谁也得罪不起，非常为难，一时无法判决。于是张家人写信给在京的张英，让他干涉此事。张英得知后，提笔给家人回了一封信：

一纸书来只为墙，让他三尺又何妨。

长城万里今犹在，不见当年秦始皇。

于是，张家主动让出三尺地，吴家深受感动，也让出了三尺地。两家之间就有了一条六尺宽的巷子，成就了流传数百年的美谈。这条"六尺巷"直到今天还在。

秉公直言和八字家训

张英退休返乡前，康熙皇帝特意为他设宴送行。后来康熙皇帝南巡，张英到淮安（今江苏省淮安市）迎接，康熙皇帝赏赐给他御笔亲书的匾额和白银。张英一直陪同康熙皇帝走到江宁（今江苏省南京市），在张英的恳切挽留下，康熙皇帝还在江宁多住了一天。

在这期间，发生了这么一件事。当时的江宁总督阿山想加收赋税，用来作为接待皇帝的费用，江宁知府陈鹏年坚决不同意。心怀不满的阿山就在康熙皇帝面前诬陷陈鹏年贪赃枉法，请求治陈鹏年的罪。康熙皇帝问张英："江南廉洁的官吏都有谁呀？"张英说："最廉洁的就是陈鹏年。"于是康熙皇帝就没有听信阿山的逸言，后来陈鹏年也不负众望，做出了很好的政绩。可见，皇帝信任的人能够秉公直言是多么重要。

除了为官，张英在教育子女方面，也非常严谨。他定的家训是"务本力田，随分知足"，要求子女守住本分，努力工作，知足常乐。张家世代读书做官，是清朝书香门第的典范。根据张家族谱记载，张家前后6代，出了12位翰林，共有24位进士，这在清朝历史上，是绝无仅有的。其中，张英和张廷玉父子二人都官至大学士，是康熙、雍正、乾隆、嘉庆四帝之师。对于书香世家来说，子孙读书考试还不算难，难的是在风云变幻的官场做出政绩，还能全身而退。张家的法宝是什么呢？

甘为传胪的探花

除了刻苦学习之外，始终保持恭敬和谨慎的处事态度，是张家的传家之宝。

张英的次子张廷玉，本应26岁时就

参加会试，但那年正逢张英主持考试，于是张廷玉就主动回避，放弃了那次考试。张廷玉在后来的考试中考中了进士，在父亲张英退休以后，入直康熙皇帝的南书房。雍正皇帝继位后，张廷玉再次到南书房入直，后来又做了军机大臣。

张廷玉继承了父亲恭敬谨慎的作风。雍正十一年（1733年），雍正皇帝在科举殿试时，亲笔点了前3名——状元、榜眼和探花。拆开考卷才得知，探花是张廷玉的儿子张若霭（ǎi）。雍正皇帝派人到军机处宣布结果，其他人纷纷向张廷玉表示祝贺。但谁也没想到，张廷玉竟会跑到皇帝面前坚决请辞："若霭是臣的儿子，这万万不可！"雍正皇帝说："卷子是密封的，我排名前并不知道是谁的试卷，此事与你无关。"张廷玉坚持说："臣家两代辅臣，已经蒙恩了；天下寒士很多，应该把这么好的机会让给别人。"雍正皇帝稍加思索，说："好吧，让传胪（lú）升为探花，若霭降为传胪。"后来，张若霭还是靠自己的实力通过了散馆考试，做了编修、入直南书房、入直军机处，官至内阁学士。

张廷玉官至军机大臣、大学士，死后还配享太庙。太庙是供奉皇帝祖先牌位的地方，明朝和清朝的太庙，就在皇宫的东南侧，现在是北京市劳动人民文化宫。张廷玉作为一位汉族官员，也不

是什么皇亲国戚，死后牌位能供进太庙，陪伴皇帝祖先的亡灵，这在当时是莫大的荣誉，整个清朝也就只有张廷玉这一位汉族官员得到了这个荣誉。

阎爷爷大讲堂

"传胪"和"探花"相比差在哪里？

按照清朝的制度，科举考试总榜的前三名为"一甲"，依次为"状元""榜眼""探花"，状元可以直接担任翰林院的从六品修撰，榜眼和探花可以直接担任翰林院的正七品编修。科举考试总榜的第四名至第一百名左右被称为"二甲"，二甲第一名被称为"传胪"。传胪需要作为庶吉士学习三年，然后参加散馆考试，散馆成绩为第一等的人才可以进入翰林院做正七品编修。

05

"破肚将军"是谁？

肚子破了还能继续战斗吗？

康熙皇帝继位那年，曾经从荷兰人手里收复台湾的郑成功去世了，他的儿子郑经继承了他在台湾的统治地位，依靠厦门、金门等重要岛屿和清朝对抗。

在此后 20 年的时间里，清朝政府和郑经先后进行了 12 次谈判，清军还攻占了金门、厦门等地，甚至进攻台湾，但都没有成功收复台湾。在三藩叛乱期间，郑经支持福建的耿精忠反清，并趁乱进攻大陆。清廷只好把东南沿海的居民都迁走，下令一艘船都不许下海，实行"海禁"政策。"海禁"政策是一把"双刃剑"，虽然打击了郑经势力，但是同时也影响了沿海居民的生活。

临危受命的施琅

康熙二十年（1681 年），郑经在台湾病故，郑氏集团发生了内斗。郑经的老部下杀掉了郑经指定的继承人——长子郑克臧（zāng），转而拥立郑经 12 岁的次子郑克塽（shuǎng）。康熙皇帝趁机任命施琅为福建水师提督、总兵 ①，率水军收复台湾。

---

① 清朝绿营军高级将领，正三品。

施琅以前是郑经的爷爷——明朝总兵官郑芝龙的部下，长期转战在东南沿海，熟悉海上作战，是一位有勇有谋的水师帅才。后来施琅跟随郑成功抗清时两人闹翻，施琅的家人被杀害，施琅就投靠了清廷。康熙皇帝曾两次命施琅率水军出海，前往收复台湾，但都因为遇到飓风而被迫返航，因此，朝廷里有不少官员都怀疑施琅的能力。现在郑氏集团内乱，收复台湾的时机终于成熟，63岁的施琅证明自己实力的时机也到了。

康熙二十二年（1683年）六月十四，施琅率领清朝水师向澎湖进发。当时的郑军将领刘国轩有守军2万多、战船200余艘。六月十六，两军在澎湖海面激战，各有伤亡，施琅退兵休整，刘国轩因军中缺粮没有追击。

敢为先锋的蓝理

施琅再次发起进攻前，问手下的各位将领："谁敢当先锋？"有人大声应答："我来！"这个敢为先锋的人，名叫蓝理。施琅任命蓝理为先锋，还下令在蓝理所在战船的船帆上，写了2个大大的字——蓝理，以鼓舞士气、震慑敌人。

战斗开始，郑军主将刘国轩防守澎湖，让曾遂等人率领水军迎战，密密麻麻的战船遮蔽了海面，包围了施琅的指挥船，施琅的左眼被火器所伤，清军惊慌不已。这时，蓝理率战船冲向郑军的战船，击沉焚毁敌船3艘，越战越勇。

郑军将领曾遂在船上开炮，炮弹擦着蓝理的身体飞过，蓝理扑倒在船上躲避。曾遂远远看见了，高兴得大叫："蓝理已死！"以图扰乱清军军心。但是蓝理很快被人扶着站起来，大声喊道："蓝理还在，曾遂已死！"蓝理命人把他的战刀拿过来，身边的人把刀递给他时，发现他的肚子被炮弹碎片划开了一个大口子，于是赶紧用白布把他的伤口包扎住。而蓝理根本顾不上自己的伤势，一边高呼杀敌，一边率船冲杀，接连击沉2艘郑军战船，令郑军大溃。这时，施琅的战船搁浅，再次被郑军包围，蓝理立即前去支援，夺下一艘郑军战船让施琅换乘，接着又追击郑军去了。

六月二十二，清军与郑军在澎湖海域进行决战，从辰时持续到申时（今7时~17时），战斗异常激烈。施琅指挥清军用火罐、火筒、火炮、火铳向郑军战船开火，霎时间，郑军战船燃烧起来，变成了一片火海，20余艘郑军战船沉入海中。刘国轩见势不妙，乘小船逃回台湾。

郑军见主帅逃走，大势已去，军心溃散，5000余人向清军投降。

"破肚将军"之名

康熙二十二年（1683年），施琅率领清军在台湾接受了郑克塽的投降。收复台湾的捷报传到康熙皇帝手里时，正好是中秋之夜。康熙皇帝高兴地挥笔写下一首五言绝句：

明月中秋节，驰书海外来。

自今天汉上，万里烟云开。

康熙二十六年（1687年），康熙皇帝在前往南苑的路上，突然看见有一匹马立在路边，康熙皇帝就派侍卫问："这是谁的坐骑？"只见蓝理从路旁的高粱地里

走出来，跪拜在地，说："臣蓝理，是从福建来的。"原来蓝理正要进京，没想到会遇到皇帝一行人，他的坐骑被这么多人吓得站在那里不敢动了，蓝理就赶紧下马，到路边的高粱地里回避。康熙皇帝问："你就是征澎湖时破肚血战的蓝理吗？"蓝理回答："是。"于是，康熙皇帝就把蓝理召到面前，详细地询问了当时的战斗情况，还让蓝理解开衣服，察看他身上的伤疤。康熙皇帝抚摩着蓝理的伤处，嗟叹良久。

蓝理在澎湖海战中的壮举，深深地烙印在康熙皇帝的脑海里。他先后两次给蓝理题字，第一次写的是"所向无敌"，第二次写的是"勇壮简易"。康熙四十六年（1707年），康熙皇帝下江南时，特意派人通知蓝理到扬州（今江苏省扬州市）迎驾，亲自向身边的王公大臣讲述蓝理破肚血战的事迹，还带他见了皇太后，向皇太后介绍说："他就是破肚将军！"原来，"破肚将军"这个称号，是康熙皇帝起的！

06

雅克萨之战

雅克萨为什么这么重要？

康熙十五年（1676年），沙俄派了一支150多人的使团来访，康熙皇帝在保和殿接见并宴请了使团代表。两国表面上看是在进行友好往来，但实际上，战争的阴霾早就弥漫开来了。为什么呢？这与雅克萨（今俄罗斯阿尔巴津）有关。

沙俄是一个欧洲国家，原本和中国并不接壤。16世纪下半叶，沙俄的势力扩张到了西伯利亚。顺治七年（1650年），沙俄人哈巴罗夫带人翻越外兴安岭，入侵黑龙江地区，占领了雅克萨，他们在这里修筑城堡，以此作为据点，向黑龙江腹地发起侵略。世世代代生活在黑龙江地区的达斡（wò）尔族、鄂伦春族、赫哲族等部族的百姓，都遭到了他们的劫掠和驱赶。

战前的准备工作

康熙皇帝在平定了三藩之乱后，终于可以腾出手来解决黑龙江地区的问题了。康熙二十一年（1682年），康熙皇帝在东巡时详细考察了东北的情况，返回京城后就立即部署收复雅克萨的准备工作。康熙皇帝先是设立了黑龙江将军一职，任命萨布素为首任黑龙江将军，将军府设在黑龙江的北岸；又在南岸建起瑷珲新城（今黑龙江省黑河市爱辉区），还在那里设立了驿站，并下令在松花江边的乌拉（今吉林省吉林市）制造船只，铸造大炮，准备粮草。

　　为了提前探知敌情，蒙古都统彭春带队假扮成捕鹿的猎人，从墨尔根（今黑龙江省嫩江市）走了 16 天，到达雅克萨。彭春一行人探明敌军情况，并测量途中江水的深度、流速，绘制成地图，还抓回来 6 名敌方的斥候[①]，为清军收复雅克萨提供了重要的军事情报。一张黑龙江流域的地图很快就呈到了康熙皇帝的御案上，这张地图标明了黑龙江地区所有重要城堡的具体位置。康熙皇帝让官员们依照地图，制订作战计划。

两次雅克萨之战

　　康熙二十四年（1685 年）四月二十八，康熙皇帝派蒙古都统彭春、副都统郎坦、黑龙江将军萨布素、建义侯林兴珠等人统领 3000 精兵，分为水、陆两军向雅克萨进发。雅克萨三面临江，只有一面连接陆地，城外有围墙、壕堑，墙上还建了塔楼，沙俄侵略军头目托尔布津带领 400 余人盘踞在内。

　　五月二十三，彭春在雅克萨城门下向沙俄侵略军发出最后通牒，要求其撤军、投降，否则就要用武力反击，但托尔布津对此置若罔闻。于是，清军便开始攻城，攻城失败后围城。五月二十四，一队沙俄援兵乘筏子顺黑龙江而下，被清军水师截击。当天晚上，清军开始攻城，清军用红衣大炮猛烈轰击雅克萨城，炮声震天动地，雅克萨城里的 100 多名沙俄士兵被歼灭。

　　五月二十五，清军在雅克萨城墙下堆积柴火，准备火攻——当时雅克萨城的围墙是用木栅筑成的。托尔布津走投无路，只好派人到清军大营请降，并发誓永不再来。都统彭春做了宽大处理：沙俄军队可以携带武器、行李撤退，愿意留下降清的人编入八旗。此战以清军全胜告终。

---

① 相当于现在的侦察兵。

然而，收复雅克萨后，清军却犯了一个致命错误——没有派兵驻守，也没有收割田间的庄稼，直接撤走了。2个月后，得到清军撤军消息的托尔布津卷土重来，率军携带大炮和弹药，重新占领了雅克萨，清军没有收割的庄稼成了他们的粮草。

康熙二十五年（1686年）五月二十八，黑龙江将军萨布素率领2000余精兵再次逼近雅克萨。托尔布津让士兵藏进地洞，顽守城堡。六月初四夜，在雅克萨城外，清军开始用大炮轰击。在连日的轰击下，沙俄的死伤人数逐日增加，托尔布津被炮弹击中后毙命。清军在炮轰的同时，还控制了江面，切断了尼布楚方向的敌援通道，又控制了通向黑龙江的水道，切断了城里的供水。

第一个平等条约的签订

在清军取得初步胜利之后，康熙皇帝给沙皇发去咨文，表达了希望和平解决两国边境问题的愿望。沙皇接受了康熙皇帝的建议，派使臣到京和谈。两次雅克萨之战的胜利，打破了沙俄侵略黑龙江流域的企图，遏制了几十年来沙俄的侵略势头。

康熙二十八年（1689年）七月二十四，中俄双方达成协议，签订了《尼布楚条约》。这是中俄两国之间签订的第一个平等条约，也是清朝与外国签订的第一个正式条约。它肯定了黑龙江流域为中国领土，保障了东北边疆的安定。中俄雅克萨之战，是中国与欧洲国家的第一次战争，中国赢得了这场战争的胜利。此后，清朝政府在格尔必齐河口和额尔古纳河口，竖立起用满、汉、蒙、俄、拉丁5种文字镌刻的界碑，又沿边界设立哨所，定期巡查，使东北边疆获得了比较长久的安定。

阎爷爷大讲堂

清朝的五大将军具体有哪些职位呢？

这五大将军分别是盛京将军，驻盛京；吉林将军，驻乌拉；黑龙江将军，先后驻瑷珲（今俄罗斯境内）、瑷珲新城和卜魁城（今黑龙江省齐齐哈尔市）；伊犁将军，驻惠远城（今新疆维吾尔自治区伊犁哈萨克自治州霍城县）；乌里雅苏台定边左副将军，驻乌里雅苏台城（今蒙古国境内）。这五大将军的权力和责任都很大，负责辖区里的军政事务，是当地的最高军政长官。

07

和噶尔丹的较量

是谁给了噶尔丹同皇帝较量的勇气？

上一篇我们讲到，清军在取得第二次雅克萨之战的初步胜利后，康熙皇帝和沙皇达成了和平谈判的共识。中俄两国分别派出使团，计划到漠北蒙古谈判。不料，这场和谈被一场战乱干扰了。

康熙二十七年（1688年），噶尔丹率领3万劲旅突袭漠北蒙古，漠北蒙古的土谢图汗和大活佛哲布尊丹巴呼图克图溃败，逃往漠南蒙古，噶尔丹以追赶土谢图汗为借口，率领军队赶到了乌兰布通（今内蒙古自治区克什克腾旗境内）。乌兰布通离京城不到300千米，噶尔丹的军队在此驻留，严重威胁到了京城的安宁。实际上，噶尔丹此举是受到沙俄的暗中唆使，企图以此来干扰和谈。因为这次战乱阻断了道路，清廷只能将谈判地点改在尼布楚（今俄罗斯境内），还延后了谈判时间，清廷为此在此次谈判中做出了重大让步。

所以，康熙皇帝在《尼布楚条约》签订后，立即亲自率领大军，征讨噶尔丹。

野心勃勃的噶尔丹

噶尔丹是何许人也？当时，蒙古主要分为三大部：一是漠南蒙古，也就是内蒙古；二是漠北蒙古，也就是外蒙古；三是漠西蒙古，也就是西蒙古。这三大部的中间，是广阔的沙漠，在当时叫作"大漠"，大漠把蒙古的三大部分隔开来。其中，漠西蒙古又分为四部：和硕特部、杜尔伯特部、土尔扈特部和准噶尔部。噶尔丹就是准噶尔部的首领。

噶尔丹本来在西藏做僧侣，深受五世达赖赏识。后来准噶尔汗僧格被杀，准噶尔部内部大乱，28 岁的噶尔丹回部夺得了大权。噶尔丹掌握了准噶尔汗的权力后，不断地发动战争，四处攻掠，不久后统一了漠西蒙古。他甚至公然向康熙皇帝提出："圣上君南方，我长北方。"

第一次正面交锋

康熙二十九年（1690 年）七月初二，康熙皇帝任命裕亲王福全为抚远大将军，率领清军主力从古北口（今北京市密云区境内）出塞；任命恭亲王常宁为安北大将军，率军从喜峰口（今河北省唐山市境内）出塞；康熙皇帝亲自坐镇中路大军。

七月初六，清廷在太和殿举行了隆重的出师典仪。康熙皇帝在太和门发布敕命："务必将漠西蒙古歼剿廓清，安定边境！"抚远大将军福全率军出发，康熙皇帝一直送到东直门外。七月十四，康熙皇帝率宫廷禁卫军出发，亲征噶尔丹。不巧的是，

康熙皇帝刚出塞不久，就发起了高烧，只好停在漠南蒙古的博洛和屯（今内蒙古自治区正蓝旗境内），远程指挥作战。

为了应对清军的进攻，噶尔丹率领 2 万骑兵，在乌兰布通湖畔丛林的沼泽地带布阵。噶尔丹下令将上万头骆驼绑住蹄子，让它们卧在地上，背上背着箱子，再蒙上湿毡子，排列起来像栅栏一样，这就是"驼城"，士兵都趴在驼城的后面。

八月初一，两军相接。清军发起进攻，先隔着湖泊鸣枪放炮，轰击驼城，随后步兵攻击，但遭到抵抗。黄昏时分，都统佟国纲和他的弟弟佟国维率兵绕过湖泊，冲击驼城。佟国纲不幸被噶尔丹军的滑膛枪击中牺牲了，佟国维率兵从山腰疾驰而下，炮击驼城，大败敌军。噶尔丹率兵奔往山顶大营，福全没有下令乘胜追击，噶尔丹趁机逃跑了。

康熙皇帝与噶尔丹的最终较量

康熙三十五年（1696 年），康熙皇

帝第二次率军亲征噶尔丹，这次清军兵分三路：康熙皇帝率领京师八旗兵及火器营共3万多人，作为中路，出独石口（今河北省张家口市境内）北上；黑龙江将军萨布素统领9000多人，作为东路，堵住噶尔丹的东进道路；抚远大将军费扬古率军4万余人为西路，分别从归化（今内蒙古自治区呼和浩特市）、宁夏（今宁夏回族自治区银川市）北上，切断噶尔丹军的归路。三路大军分进合攻。

噶尔丹得知康熙皇帝御驾亲征，极为惊慌。他原以为沙俄会派兵支援他，结果成了泡影。西路军把噶尔丹军2000余骑兵引至昭莫多（今蒙古国境内），费扬古

指挥骑兵下马迎战，同时集中火力猛攻山头，噶尔丹军仓促应战。双方从中午激战至黄昏，难分难解。清军及时调整战术，分兵四路：一路为伏兵，沿河设伏；一路为主兵，从山上狂奔而下冲击；另设两路奇兵，一路横冲入阵，一路袭击噶尔丹军的后队辎重。噶尔丹军阵脚大乱，夺路而逃，敌军迅速瓦解，清军一路追杀。这一战，清军大获全胜，史称"昭莫多大捷"，但噶尔丹又逃逸了。

康熙三十六年（1697年），康熙皇帝第三次御驾亲征，途中得知噶尔丹已死、其女率族人归降，于是班师回京。这场康熙皇帝和噶尔丹的较量，终于落下帷幕。

噶尔丹虽然能征善战，是一位草原上的枭雄，但是他一次次挑起不义之战，最终战败。而康熙皇帝在3次御驾亲征中，仔细筹划、周详部署、谋定而战，表现出过人的胆识、耐力与意志。

08

喀尔喀蒙古大会盟

康熙皇帝为什么要组织大会盟？

上文讲过，清朝时的蒙古分为三大部，其中的漠北蒙古——也就是外蒙古，又叫"喀尔喀蒙古"。喀尔喀蒙古是由成吉思汗的后裔组成的，又分为三大部：东边是车臣汗部，中间是土谢图汗部，西边是札萨克图汗部。康熙二十七年（1688 年），喀尔喀蒙古内部发生了纷争，起因是 20 多年前的一件往事。

各方博弈下的会盟

康熙元年（1662 年），札萨克图汗旺舒克被部下杀害，部落发生内乱，许多部民为了躲避战乱，就逃到了土谢图汗部。后来，新的札萨克图汗要求土谢图汗归还本部逃亡的部民，土谢图汗不愿意还，由此引发了两部纷争。当时远在漠西蒙古的准噶尔部，其首领就是前文中讲到的噶尔丹，他野心勃勃，身后还有沙俄支持。噶尔丹想趁机吞并土谢图汗部，于是和札萨克图汗结盟，这让土谢图汗忌惮不已。康熙二十六年（1687 年），土谢图汗派人刺杀了札萨克图汗，还杀了噶尔丹的弟弟。事情就这样闹大了……

喀尔喀蒙古的内部纷争，牵涉到噶尔丹和他背后的沙俄势力，康熙皇帝认为这个问题事关国家的统一和安全，必须尽快解决，但不能诉诸武力，只能协商调解。于是，康熙皇帝决定亲自出马，用会盟的方式来解决这场纷争。

康熙三十年（1691 年）四月，康熙皇帝率兵来到多伦诺尔（今内蒙古自治区锡林郭勒盟多伦县）。这里距离京城有 400 多千米，是个水草肥美的好地方。康熙皇帝在这里扎下大营，召集喀尔喀蒙古三大部和内蒙古四十八旗的王公贵族，前来参加会盟。会盟活动持续了 5 天，具体都做了些什么呢？

居中调解，安抚各方

五月初一，主题是认罪和谅解。

康熙皇帝要求土谢图汗发布认罪书，承认自己杀害札萨克图汗的罪过，并诚恳地请求札萨克图汗弟弟的宽恕，以及其他蒙古各部首领的谅解。

五月初二，主题是赦免和册封。

皇帝的御营外，搭起了黄色御帐。御帐南向两侧，搭起紫红色的长帐篷——这是为参加会盟的大臣、蒙古王公贵族而设的。康熙皇帝特意从京城带来的 4 头披着华丽装饰的大象，站在帐篷两侧，烘托祥和的气氛。喀尔喀蒙古三部汗王坐在第一排，他们的上座是大活佛哲布尊丹巴呼图克图，八旗禁军佩带武器肃立在周围。康熙皇帝身穿朝服坐在御帐前的宝座上，鼓乐齐鸣，喀尔喀王公贵族向康熙皇帝行三跪九叩礼。之后进行三项议程：

第一，赦免。康熙皇帝宣布赦免土谢图汗的罪行。

第二，册封。册封原札萨克图汗的弟弟为新的札萨克图汗。同时正式册封土谢图汗，授予他册文和汗印。

第三，编旗。把喀尔喀蒙古编为三十四旗，下设参领、佐领，从行政建制上和内蒙古各旗划一，从此按照大清的制度来管理喀尔喀蒙古。

以上仪式完成后，就是盛大的宴会，康熙皇帝亲手把酒递给了大活佛哲布尊丹巴呼图克图和三位喀尔喀汗王。在宴会过程中，有各种杂技、摔跤等演出助兴。喀尔喀人从来没有见过如此庄严隆重、气氛热烈的场面，都欢欣雀跃，翩翩起舞。

五月初三，主题是奖励和敕封。

第一，赏赐。对大活佛哲布尊丹巴呼图克图、三部汗王各赏白银千两、15 匹蟒缎和 15 匹彩缎。

第二，赐宴。康熙皇帝再次召见大活

佛哲布尊丹巴呼图克图、三部汗王等人，举行了隆重的宴会。席间，康熙皇帝用当地的语言和他们交流，边吃边谈，气氛十分融洽。

第三，敕封。康熙皇帝按照清廷的封爵制度，给喀尔喀蒙古各部的王公贵族分别封了亲王、郡王等爵位。

武力威慑才是最根本的解决之道

五月初四，主题是大阅兵。

康熙皇帝身着戎装，头戴镶有貂皮的头盔，佩带挎刀和弓箭，先骑马绕场一周，然后下马弯弓射箭，十矢九中。在场的蒙古贵族都很震惊，感叹道："神武也！"

随后举行阅兵仪式。受检阅的清朝八旗军，有骑兵、步兵、炮兵等，大约1万多人，步兵和炮兵在行列中间，骑兵分列两翼，队伍足足有5千米长。响亮的号角吹响后，先是步兵列队前进，号角声停，行进也停，如此反复，三进三停。突然号角声大作，所有骑兵大呼前进，万马奔腾，声动山谷。接着，汉军火器营枪炮齐射，声震大地。演习部队奔驰到御帐附近，驻足整军，队形整齐。多伦诺尔草原上的大阅兵盛况空前，八旗军的强大阵容、庄严的军威、严肃的军纪、新式的军械，都让参会的各部人震惊和折服。

五月初五，主题是建寺。

康熙皇帝下令在这里建造一座寺庙，名字叫作"汇宗寺"，"汇宗"就是"江河入海、万川归一"的意思。

至此，连续5天的会盟活动就结束了。五月初六，康熙皇帝再次单独会见大活佛哲布尊丹巴呼图克图、土谢图汗，还把御用帐幕、金盘和瓷碗等赏赐给他们。

这次喀尔喀蒙古大会盟，不仅平息了喀尔喀蒙古的内部纷争，还把大清的编旗、封爵和法律制度，推行到喀尔喀蒙古中，将喀尔喀蒙古正式纳入大清统治的版图，加强了大清的中央集权。之后，康熙皇帝又通过联姻进一步巩固了对喀尔喀蒙古的统治。

关于喀尔喀蒙古，康熙皇帝曾说："昔秦兴土石之工，修筑长城。我朝施恩于喀尔喀，使之防备朔方，较长城更为坚固。"

09

远嫁的公主

为什么要把公主嫁到遥远的蒙古？

康熙皇帝在主持喀尔喀蒙古大会盟的时候，给自己的四公主选了一位女婿。喀尔喀蒙古力量强大，和沙俄相邻，是大清北部的"长城"。喀尔喀蒙古三部之中，又以土谢图汗部为首。所以，康熙皇帝非常重视和土谢图汗部的关系，想要进一步笼络土谢图汗部，下嫁公主无疑是一个高明的办法。

为公主选定的额驸

在大会盟时，康熙皇帝就仔细考察了土谢图汗的孙子敦多布多尔济。敦多布多尔济这年 16 岁，跟 13 岁的四公主算是年龄相当，而且他身手矫捷、聪明伶俐。于是，康熙皇帝暗暗为四公主选定了这位额驸。

康熙三十六年（1697 年）十一月，四公主已经 19 岁了，康熙皇帝授予她恪靖公主的名号，在京城为她举办婚礼，将她嫁给了时年 22 岁的敦多布多尔济。康熙皇帝赐给公主很多珠宝、金银、器皿、袍服、绸缎、布匹及牲畜、田庄等，而且公主和额驸每年都可以领到银子和粮食。公主的陪嫁中还有许多生活用品，比如丝绸手帕、蜀锦手帕、象牙梳、黄杨木梳、篦子、牙刷等。这些在今天看来是很常见的生活用品，但在当时都是皇家才能享用的物品。

恪靖公主出嫁的时候正值隆冬，天气寒冷，不便出行，所以就没有前往远在喀尔喀蒙古的婆家。康熙三十九年（1700年），土谢图汗察珲多尔济去世了，他的孙子——也就是恪靖公主的额驸敦多布多尔济，晋升为和硕亲王，并承袭土谢图汗位。因此，恪靖公主跟随丈夫前往喀尔喀蒙古势在必行。

公主府的建立

恪靖公主是清朝第一位远嫁喀尔喀蒙古的公主，所以康熙皇帝非常重视她。按照康熙皇帝的谕旨，公主和额驸仅需带随身物品出发，其余物品等到第二年开春再送过去。但是，仅是随身物品就非常多，除了宫里所派的官车，张家口的商人还出了8辆车用来运送杂物。因为路途遥远，这一趟要走50多天，所以还赶着一群牛羊，作为路上的食物。康熙三十九年（1700年）冬天，恪靖公主和额驸离开北京，北上前往喀尔喀蒙古。

恪靖公主到了喀尔喀蒙古后，生活得很不习惯，非常思念故乡，很快就返回了京城。已嫁蒙古的公主长住京城，显然不合礼制。康熙皇帝便下谕命，在北京和喀尔喀之间的归化城，为恪靖公主和额驸修建一座公主府。公主府由皇家御赐督造，按照工部提供的样式营建。

康熙四十四年（1705年）春天开工建府，九月基本完工。这座公主府总占地面积约40万平方米，府第建筑布局为中轴对称，四进院落，前府后园，外面是青砖围墙。府前有影壁，座上凸起48根立柱，象征蒙古四十八旗共扶清朝。这座建于300多年前的恪靖公主府，影壁、府门、仪门、静宜堂、寝殿、罩房、配殿，以及院落围墙等主要建筑，至今都基本完好。恪靖公主府是全国保存最为完整的公主府第，现在是呼和浩特市博物馆。

恪靖公主住进这座公主府的时候，已经27岁了。她刚住进去不久，康熙皇帝就特意带着皇太子胤（yìn）礽（réng）及皇长子胤禔（tí）等6位皇子来公主府看望公主和额驸，在公主府住了两天才走。恪靖公主在这里生活了30年，直到雍正

女儿嫁给敦多布多尔济，敦多布多尔济继承汗位后，掌握了土谢图汗部的军政权力，恪靖公主的儿子做了宗教首领。于是，康熙皇帝的女婿是土谢图汗，康熙皇帝的外孙是宗教首领，"政"和"教"巧妙地黏合在一起，被清廷掌控。

清朝实行满蒙联姻将近300年，嫁到蒙古的公主、格格多达430余人，迎娶到清皇室的蒙古贵族之女也有160多人。康熙皇帝8位有封号的公主中，有6位下嫁蒙古。皇家公主作为金枝玉叶，一直被人们所羡慕，但真正的公主不仅要承受常人所难以承受的礼法约束，还要肩负他人无法替代的政治使命。

十三年（1735年）三月初九去世，享年57岁，公主灵柩被送往土谢图汗家族墓地安葬。而公主府的新主人，是公主的长子根扎布多尔济，他娶了康熙皇帝第三个儿子诚亲王胤祉的女儿，延续了满蒙联姻。

金枝玉叶的使命

恪靖公主的一生享尽了父亲的宠爱和荣华富贵，不仅因为她是皇帝的女儿，还因为她肩负着康熙皇帝更深远的政治谋划。

康熙皇帝在喀尔喀蒙古的政治布局很简单：一个是土谢图汗部的军政首领，一个是喀尔喀蒙古的宗教首领，把这两个首领人选抓住了，就稳定了喀尔喀蒙古的大局，也能影响到新疆和西藏的军政大局。所以，康熙皇帝通过联姻，把自己的宝贝

阎爷爷大讲堂

什么是"金枝玉叶"？

如果你去参观南京博物院，也许可以看到这样一件精美的艺术品：一只栩栩如生的金蝉，安然地栖息在一片洁白无瑕的玉叶上。蝉，俗称"知了"，"知"谐音"枝"，这就是"金枝玉叶"的形象诠释。金枝玉叶，在中国古代特指皇帝的女儿。

10

大学士纳兰明珠

皇帝为什么不处决掉纳兰明珠？

康熙皇帝身边最重要的大学士有两位，一位是索额图，另一位是纳兰明珠。

索额图出身高贵，他的父亲索尼是辅佐康熙皇帝的首席辅政大臣，他的侄女是康熙皇帝的第一任皇后赫舍里氏，生下了皇太子胤礽。索额图在康熙皇帝擒鳌拜、代表清政府到尼布楚和沙俄谈判等关键时刻，都立下了重大功劳，理所当然地受到了康熙皇帝的器重。但是索额图为人高傲，对于不巴结他的大臣，他就加以排斥。索额图的精力大都放在皇太子的身上，他非常维护皇太子，和皇太子的关系非常亲密，随着皇太子的长大，索额图的势力也越来越大。

扶摇直上的纳兰明珠

纳兰明珠是满洲正黄旗人，他的曾祖父和祖父都是女真叶赫部的贝勒。努尔哈赤攻灭叶赫部后，纳兰明珠的父亲向努尔哈赤投降，后来立功做了佐领，随军入关。康熙初年，纳兰明珠在康熙皇帝身边做侍卫，后升任为内务府总管大臣。康熙皇帝亲政后，纳兰明珠做了经筵讲官，后又升为兵部尚书。

纳兰明珠真正得到康熙皇帝的信任和重用，是在平定三藩的时候。前文中提到过，当时许多大臣都不同意撤藩，而纳兰明珠坚决支持康熙皇帝撤藩平叛的旨意，因此得到了康熙皇帝的信任。在战争局势不利的时候，以索额图为首的和谈派纷纷要求皇帝对支持撤藩的纳兰明珠严加追究，甚至请求皇帝杀了纳兰明珠。但康熙皇帝并没有处罚纳兰明珠，反而更加器重他，让他继续做兵部尚书，处理紧急军务，甚至在平定三藩的战争还没有结束时，就任命他为武英殿大学士。

纳兰明珠聪明睿智、勤奋好读，文化素养很高，当时的重要典籍，比如《太祖实录》《太宗实录》《明史》等，都是由纳兰明珠来担任总裁官编纂的。纳兰明珠深厚的文化修养，为他在朝廷里广泛结交汉人名儒、名士提供了非常有利的条件。比如前文讲过的南书房里的翰林们，大多都跟纳兰明珠交往密切。纳兰明珠待人和善，又轻财好施，对新人大加拉拢，对异己大加排挤，于是很快就形成了一个以他为首的、包括汉族高级官员的利益集团。这个利益集团跟索额图的利益集团是对立的。

纳兰明珠落幕的预兆

德格勒是康熙皇帝身边的日讲起居注官、掌院学士。康熙皇帝经常召见他，听他讲论经史，外出巡视也让他跟随在身边。纳兰明珠曾经想拉拢德格勒，给他送钱让他用来做衣服，德格勒坚决不接受。

有一段时间，天气久旱无雨，在我们现在看，这是正常的自然现象。但是康熙皇帝比较迷信，命德格勒来算一卦，看看是怎么回事。德格勒算完以后，对皇帝说："天上是有雨的，但因为有小人在重要位置上，所以老天就不下雨。"康熙皇帝吃了一惊，问："是谁？"德格勒回答说是纳兰明珠。纳兰明珠听到风声后，对德格勒恨之入骨，于是在康熙皇帝面前说德格勒的坏话，而索额图一方就极力推崇德格勒，与纳兰明珠针锋相对。康熙皇帝不想

郭琇是山东即墨（今山东省青岛市即墨区）人，出身于诗文之家。他9岁丧父，10岁丧母，曾经在即墨城东边深山里的仙姑庵苦读，32岁才考中进士。他做了9年吴江县令，两袖清风。皇太子的老师汤斌任江苏巡抚时，很欣赏郭琇的人品和才华，就推荐他参加考试，做了江南道监察御史。

郭琇在纳兰明珠府中亮出的那份奏疏，就是有名的《纠大臣疏》，这份奏疏弹劾大学士纳兰明珠等人结党营私、收取贿赂、卖官鬻（yù）爵、泄露机密。奏疏一公开，众官哗然，举朝震惊，人们因此称郭琇是"铁面御史"。康熙皇帝顺势调整了大学士的队伍，7人中革职4人，除了纳兰明珠，还处理了几位跟纳兰明珠走得很近的尚书，大大削弱了纳兰明珠集团的势力。

纳兰明珠的疯狂报复

郭琇的惊天一奏，让纳兰明珠损失惨重，从此纳兰明珠便对他怀恨在心，先后通过"私书案""冒名案"和"钱粮案"来报复郭琇。

第一案：私书案。康熙二十八年（1689年），山西道御史张星法弹劾山东巡抚钱珏贪污。钱珏大怒，揭发郭琇曾写信给他，让他推荐山东知县高上达，因为他没照着做，郭琇便唆使张星法诬陷他。康熙皇帝下令让相关部门审理此案，结果张星法供

因此破坏朝廷的稳定，所以对他们的话都不予采纳。

纳兰明珠和索额图，是康熙皇帝的左膀右臂，但若是他们的权势威胁到皇帝的统治，康熙皇帝是不会允许的。首当其冲的，就是纳兰明珠。

"铁面御史"的寿礼

据传，康熙二十七年（1688年）二月的一天，纳兰明珠过生日，家里宾客满堂。按照惯例，御史是不应该给当朝官员贺寿的，但是江南道监察御史郭琇却来到了纳兰明珠府上。纳兰明珠格外高兴，亲自把郭琇迎到大堂。谁知郭琇当众从衣袖里取出一份奏疏，说要弹劾当朝大员，说完就转身离开了。

认确实是郭琇指使他弹劾钱珏的。最后康熙皇帝将郭琇降五级调用，张星法连降两级留任，钱珏以原品解任。

其实，郭琇连权倾朝野的纳兰明珠都敢弹劾，哪里还需要借他人之手来弹劾一个巡抚呢？

第二案：冒名案。在纳兰明珠被弹劾时受到牵连的户部尚书佛伦，后已改任山东巡抚。他对郭琇怀恨在心，一直在寻找机会报复。佛伦弹劾郭琇的父亲郭景昌原名为"尔标"，曾经在明末清初作乱伏法，郭琇私自改了他父亲的名字，还为他父亲请了诰封，这是欺君之罪。这其实是佛伦张冠李戴、无中生有，故意加罪于郭琇，以泄私愤。然而，礼部不待核实，就将诰封追回。康熙皇帝接到佛伦揭发郭琇的奏章后，命大学士伊桑阿暗中询问郭琇实情，郭琇说这是诬告。后来郭琇入京觐见时，特意写了一封《辨白冤诬疏》，请求与佛伦对质。康熙皇帝询问佛伦时，佛伦却回答说是下面上报的情况有误。最后康熙皇帝重新颁发了给郭琇父亲的诰封。

第三案：钱粮案。郭琇任吴江（今江苏省苏州市吴江区）知县时，县丞

赵炯负责征收康熙二十二年（1683 年）和康熙二十三年（1684 年）的当地粮税，虽然账面上的收支没问题，但实际上早已亏空。郭琇当时并未觉察，在离任时将工作文件交接给了接任的张绮梅。后来因为赵炯降调，这件事才暴露出来，郭琇得知后，立即派家人买粮食填补空缺。

郭琇在这个案子里本来没什么大的错误，但江苏按察使高承爵是纳兰明珠的侄女婿，想借此报复郭琇，于是严刑逼讯张绮梅，逼迫他指证郭琇亏空漕粮，但未得逞。郭琇愤怒地说："你们不就是想让我死吗？"高承爵问郭琇："你不怕

死吗？"郭琇笑着说："我怕死，但不至于怕成这样，真正怕死的人坐在高位上。"高承爵也不敢做得太过分，打算把郭琇贬到陕西去当兵。

这个消息传到郭琇的妻子屈氏那里后，屈氏写了血书呈给康熙皇帝，替郭琇申冤，最后康熙皇帝特下恩旨，准许郭琇回乡，后来又命郭琇任湖广总督。

以上三案中，"冒名案"纯属诬陷，"私书案"和"钱粮案"属于小题大做，借题发挥。纳兰明珠等人兴风作浪，想借这三案置郭琇于死地，以报弹劾之仇。但郭琇顽强抗争，的确是一位堂堂正正的监察名臣。

康熙皇帝在对待郭琇弹劾纳兰明珠集团案件中的做法，有三点值得思考。第一，留中不发。郭琇弹劾纳兰明珠的奏章，康熙皇帝并没有公开下发，康熙皇帝这么做是为了避免事态扩大化。第二，保护郭琇。面对纳兰明珠党对郭琇的恶意报复，康熙皇帝对"冒名案"，命人私下调查，从容处理；对"私书案"，康熙皇帝将郭琇降五级调用；对"钱粮案"，原拟遣戍陕西，康熙皇帝特下恩旨宽免。第三，执两用中。郭琇与纳兰明珠，在弹劾与被弹劾的天平上，是对立的两端，康熙皇帝让郭琇和纳兰明珠互相牵制。

纳兰明珠大起大落的人生告诉后人，功劳只能说明过去，而不能说明将来。以权谋私、贪赃枉法，只能自食其果。但是为了制衡索额图的势力，康熙皇帝仍然把纳兰明珠留在身边做内大臣。

11

孝敬祖母传佳话

康熙皇帝是如何孝顺祖母的呢？

康熙皇帝从小就生活在一个庞大的皇室家族里，这个家族高峰时六世同堂。在这个大家族里，辈分最高的是孝庄太皇太后，她是康熙皇帝的祖母。康熙皇帝8岁丧父，11岁失去生母，全靠祖母的抚育教导，所以在康熙皇帝的心里，分量最重的亲人就是祖母。

孝顺又细心的康熙皇帝

康熙九年（1670年），康熙皇帝打算先去关外拜谒（yè）祖父和曾祖父的山陵，再到遵化拜谒父亲的山陵。孝庄太皇太后知道后，对康熙皇帝说："你父亲去世十年了，我还一直没有机会去看看。"建议他先去拜谒顺治皇帝的陵墓，自己也带着皇太后、皇后一同前往。康熙皇帝顺应了太皇太后的心意，马上改变行程。皇帝和太皇太后、皇太后以及皇后，一起离开皇宫前往谒陵，在整个清朝时期只有这一次。

太皇太后喜欢泡温泉养病，康熙皇帝先后 6 次陪祖母到温泉行宫小住。康熙十一年（1672 年）正月，康熙皇帝陪太皇太后去赤城温泉（今河北省张家口市赤城县境内）的路上，亲自为祖母安排饭菜，然后亲自侍候祖母上车，还要扶着车驾走上一段路程，等车驾平稳之后才上马跟随。太皇太后心疼孙子，几次劝他说：“你步行劳苦，赶紧骑马前行。”他们翻山过岭，长途跋涉，9 天后终于到达赤城温泉。由于温泉附近地方狭小，住不了太多人，康熙皇帝只能住在离温泉很远的地方。尽管住得比较远，康熙皇帝还是每天都去给祖母请安，陪祖母说话。回京路过长安岭时，狂风大作，大雨滂沱，康熙皇帝不顾祖母的劝阻，下马护持在祖母的车驾旁边。康熙皇帝在行程中的种种做法，都表现出对祖母最虔诚的敬爱。

亲自护送祖母礼佛

去山西的五台山礼佛，是孝庄太皇太后的一个心愿。五台山寺庙林立，其中有一座寺庙叫“菩萨顶”，清朝皇帝到五台山礼佛时，就住在这里。为了陪祖母到五台山礼佛，康熙皇帝特地先去菩萨顶住了 4 天，亲身体验，还仔细安排了祖母的衣食住行等事项。去五台山的途中要经过长城岭，康熙皇帝特地去长城岭察看，发现那里山势陡峭，车马很难过岭。但太皇太后得知这一情况后，依旧希望能亲自前往五台山。

康熙二十二年（1683 年）九月，康熙皇帝陪同太皇太后前往五台山。走到长城岭时，康熙皇帝请祖母改乘八抬大轿，自己骑马走在轿旁照应。太皇太后看抬轿子的人步履艰难，还是选择乘坐马车。康熙皇帝只能顺从祖母的意思，但特意命轿夫抬着轿子悄悄跟在后面。走了一段路后，康熙皇帝见祖母乘车颠簸不已，就再次请她换乘轿子。太皇太后说：“轿子哪儿能马上就到呢？”康熙皇帝说：“轿子就在后面跟着呢。”太皇太后高兴地抚着康熙皇帝的后背说：“车轿这些细碎的事，你都安排得这样周全，真是用心啊！”

但后边道路越走越险，实在难以登顶，太皇太后对康熙皇帝说：“我只能到此处了，也算尽到心了，皇帝代我上山礼佛，就跟我亲临一样。”康熙皇帝也早有准备，让自己的皇兄福全陪祖母先行返京，他去菩萨顶完成祖母的心愿。

病床前的悉心照料

康熙二十四年（1685 年）八月二十八深夜，太皇太后突然中风，右肢麻木，舌头发硬，言语不清。康熙皇帝得知后，连忙来到慈宁宫，侍奉祖母服药。接下来的几天里，即使政务繁忙，康熙皇帝依然每天都要去看望祖母两三次。祖母的身体不见好转，康熙皇帝决定前往白塔寺为祖母祈福。正准备动身的时候，突然电闪雷鸣、天降大雨。康熙皇帝不顾身边人的劝阻，毅然冒雨前往。

康熙二十六年（1687 年）十一月二十一，太皇太后再次发病，康熙皇帝来到祖母的床边，悉心照料，昼夜不离。祖母睡着了，他就在床边席地而坐；祖母需要什么，他都立即亲手奉上。整整 30 多个昼夜，康熙皇帝衣不解带，目不交睫，尽心尽力。后来他还不畏寒风刺骨，率王公大臣从乾清宫出发，步行前往天坛为祖母祈福。康熙皇帝跪在祭坛前诚心祈祷，同行的大臣见状都非常感动。

太皇太后临终前，抚摸着康熙皇帝的后背，流着泪说："因我年老多病，你日夜操劳，竭尽心思，所有东西都准备充分。我其实什么也不想吃，是为了安慰你才应付一下，谁知你什么都有准备，如此竭诚体贴，是大孝啊！希望天下后世，人人都像你这样孝顺。"

太皇太后去世后，葬在了遵化（今河北省遵化市），康熙皇帝又在 35 年里 26 次前往遵化哀悼，直到去世。康熙皇帝曾用自己的亲身体会教导子孙："对长辈尽孝道，不仅在衣食的奉养上，还要怀着一颗善心，做正确的事，才能让长辈高兴。这才是真正的孝顺。"

12

康熙皇帝下江南

康熙皇帝下江南都做了什么呢？

康熙皇帝在 31 岁到 54 岁期间，曾 6 次下江南，他是第一位在大运河上乘船跨越海河、黄河、淮河、长江、钱塘江 5 条江河的皇帝，开创了清朝皇帝南巡的先例。

生在皇宫、长在皇宫的康熙皇帝，如此频繁地下江南，他的目的是什么呢？康熙皇帝一方面是为了实地考察黄淮之患，另一方面是为了解决民族矛盾。当时清军入关已经很多年了，但是满汉之间激烈的民族矛盾和文化冲突并没有完全化解。努尔哈赤屠杀汉儒，皇太极七掠中原，多尔衮强令剃发……这都使得中原汉人的对抗情绪十分强烈。

康熙皇帝从祖先手中接过了这个历史包袱，这个包袱，至少打着 3 个死结——文化之结、君臣之结、官民之结。康熙皇帝希望通过下江南，打开这些死结，缓解这些矛盾。

康熙皇帝的态度

想达到这个目的，康熙皇帝的第一步就是要表明自己对汉族儒家文化的态度。康熙皇帝下江南，特意去祭拜孔子、祭拜泰山、祭拜明陵、祭拜禹陵，通过这"四祭"向天下宣告：他非常尊重汉族和儒家文化。

康熙皇帝从小就熟读《论语》，在他心里，孔子是至圣先师。他第一次下江南就去了曲阜（今山东省曲阜市）的孔庙，步入大成门，进入大成殿，向孔子塑像和牌位行三跪九叩的大礼；亲笔题字"万世师表"，制成匾额，悬挂在孔庙的大成殿；向杏坛①、孔林②行三叩礼。

泰山是五岳之首，也是儒家文化的发源地，秦始皇、汉武帝都曾经封禅泰山。康熙皇帝到泰安，亲自祭祀泰山之神，登临泰山之顶，以此表明他对儒家传统文化的认同和景仰。

康熙皇帝6次下江南，连续3次亲自祭拜明朝洪武皇帝的孝陵。他看到南京故宫和明孝陵荆棘满目、一片苍凉后，就下令加以修整和保护。他还为明孝陵亲自题了"治隆唐宋"的四字碑，肯定了明朝在中国历史中的地位。

康熙皇帝第二次下江南时，去了绍兴会稽山的大禹陵。他亲自撰写了祭文来祭奠大禹，行三跪九叩礼。

康熙皇帝在南巡中，游览江南园林、品尝江南美食、观看民间风俗活动等，都是他乐于接受汉文化熏陶的表现。康熙皇帝通过这一系列的行动，表明了自己尊崇汉族儒家文化的态度。

梅文鼎与陈鹏年

第二步，笼络汉族官员。

当时的清廷是满族官员占主导地位的，因而汉族官员常有不满情绪。康熙皇帝在下江南的途中，采取了许多怀柔、笼络措施，比如赏赐或者接见等，以此表示对汉族官员的信任和器重。

康熙皇帝南巡时听说安徽宣城的梅文鼎在天文和数学上的造诣很高，就向大臣要来了梅文鼎的著作——《历学疑问》三卷。康熙皇帝将其带回宫里仔细阅读，亲笔圈点，贴签批注。康熙皇帝第五次下江南的时候，连续3天都把梅文鼎召到御舟上，向他提问请教，称赞他是难得的人才。因为梅文鼎年龄太大了，不便到京城任职，康熙皇帝就赏赐给他御笔题字和匾额等。梅文鼎在数学方面的成就十分突出，不仅对《明史·历法志》进行了纠错和补充，还对西方数学深有研究，他享年89岁，一生勤奋，读书不辍。

---

① 孔子授业讲学之处。
② 孔子及其后裔的墓园。

康熙皇帝第五次下江南途经江宁时，遇到一件事。康熙皇帝当时在江宁织造衙门暂住。有一天，康熙皇帝在院子里穿过，遇到一个小孩儿在玩耍，就问这个小孩儿，知不知道江宁有哪些特别好的官。这个小孩儿是江宁织造曹寅的儿子，乳名叫连生，连生说："我知道一个，就是陈鹏年。"

陈鹏年这个人，我在前文提到过，他是连张英也称赞的清官。陈鹏年任江宁知府时，曾下令把暗娼老窝端掉，改建成乡约讲堂，在讲堂里张挂了《圣谕十六条》——也就是康熙皇帝的语录，还悬挂了一块写着"天语叮咛"的匾额。陈鹏年的原意是让来学习的百姓都能记住皇帝的语录和叮咛，江宁总督阿山却说他这是对皇帝的大不敬，还说他贪污，陈鹏年为此被定罪论斩。

曹寅曾在康熙皇帝身边做銮仪卫，在皇帝出行时负责仪仗和保卫工作，深得康熙皇帝的信任，他特意恳求康熙皇帝宽恕陈鹏年。曹寅和陈鹏年并没有什么私人交情，却愿意替陈鹏年求情，可见陈鹏年是真的冤枉。后来康熙皇帝免了陈鹏年的死罪，还把他调到武英殿修书处工作。

陈鹏年后来做了河道总督。有一次黄河决口时，他亲自到现场指

挥救灾，不幸遇难，只留下80岁的老母亲和一贫如洗的家。后来的雍正皇帝也曾经评价他："陈鹏年真是一位'鞠躬尽瘁，死而后已'的好官！"

老花镜与碧螺春

在康熙皇帝下江南途中，还曾发生过很多故事，比如康熙皇帝和宋荦（luò）的故事。

宋荦的父亲宋权，曾经是明朝的顺天巡抚，刚上任3天，崇祯皇帝就去世了。他投降大清以后，给清朝统治者提了3条建议：一是给崇祯皇帝发丧，二是免除明末加派的粮饷，三是选贤任能。这3条建议都被多尔衮采纳了。

康熙皇帝第三次下江南的时候，时

任江苏巡抚的宋荦进献了一种当地的名茶。康熙皇帝品茶后，觉得色香味俱佳，就问这茶叫什么名字。宋荦回答："吓煞人香。"康熙皇帝很喜欢这种茶，但是觉得这个名字不够文雅，又因为这茶叶是春天产于碧螺峰，所以就赐名"碧螺春"，从此"碧螺春"天下闻名。

康熙皇帝对宋荦恩宠有加，看他眼睛不好，就送给他一副老花镜；看到他年老牙口不好，就派御厨到宋荦的衙署厨房，向厨师传授豆腐的做法；还曾亲笔写下"督抚箴"几个字给宋荦，赐给他御笔亲书的对联、匾额，还有衣服、帽子、砚台等物。康熙皇帝与宋荦之间，不似君臣拘谨，而是交互往来，情谊深厚。

贴近百姓的康熙皇帝

第三步，化解官民之结，特别是满族官员与汉族百姓之间的矛盾。

江南的汉族百姓对清廷处理汉族问题的做法非常不满，康熙皇帝下江南的一个重要目的就是笼络汉族乡绅，化解这种历史积怨，以便维系民心、解开官民之结。前面提到康熙皇帝亲自前往明孝陵，也有这方面的考虑。

康熙皇帝每到一地，都会按照当地情况适当减免赋税。比如到山东时，恰逢山东连年饥荒、民生困苦，于是康熙皇帝发放了数百万两银钱用来赈灾，还免除了当地历年所欠的赋税。第四次南巡时，遇到村民家中失火，康熙皇帝赶紧派随行的侍卫帮忙救火，等火扑灭后，又命人清查被火烧毁的房屋，按照每间三两银子的标准给予赈济。

这些举动让江南的汉族百姓十分感动，也渐渐明白了——康熙皇帝是真的心系他们。等康熙皇帝后来到宿迁、江宁、扬州等地时，都会有百姓张灯结彩地夹道欢迎，康熙皇帝也会对年老贫寒的百姓慰问和赏赐。

康熙皇帝 6 次下江南，前后横跨 24 年，对缓解文化、君臣、官民 3 种矛盾起到了不可估量的积极作用，但其铺张浪费也不容忽视。康熙皇帝每次南巡都兴师动众，各地接待的花费更是不可计数，就像《红楼梦》里赵嬷嬷所说，"银子花得像淌海水似的"。

阎爷爷大讲堂

碧螺春茶以前怎么会叫"吓煞人香"这么奇怪的名字呢？

原来，苏州太湖有一座碧螺峰，石壁缝里长着一种野茶，当地人每年都来采茶。一次，有个人采的茶太多，筐里装不下，就把剩下的茶叶揣在怀里，身上的温度竟然把茶叶捂出一股特殊的香气来。采茶人喝茶时吃惊地喊出声来："吓煞人香！"这是当地的方言，意思是香得吓死人！于是每到采茶时节，当地男女老幼都沐浴更衣，采茶时把新茶放在怀里。有商人按照这个思路，加工出精品茶叶，命名"吓煞人香"。

康熙皇帝打开死结的措施

文化之结	君臣之结	官民之结
↓	↓	↓
祭拜孔子	赏赐	减免赋税
祭拜泰山	接见	重视百姓
祭拜明陵	信任	帮助百姓
祭拜禹陵	提拔	赈灾解困

13

河道总督靳辅治河有功

做河道总督真的那么难吗？

前文讲过，康熙皇帝亲政以后，在乾清宫的柱子上面写下了他心里亟待解决的 3 件事：三藩问题、黄河的治理和大运河漕运。从明朝迁都北京以来，皇宫的需用、京师军民的需用，主要靠京杭大运河运输。京杭大运河途经黄河、淮河等五大河流，其中黄河和淮河经常泛滥，而黄河或淮河一旦出了问题，就直接影响运河通航，也直接影响漕运。所以，康熙皇帝写下的第二件事和第三件事，从某种角度来看，也可以认为是一件事——经济大动脉京杭大运河的畅通问题。

河务和漕运的关键点

1966 年，我骑自行车从北京出发，沿着京杭大运河进行考察，全程 1750 千米，途经 6 省，历时 1 个月，最后到达杭州。在江苏省淮安市，我看到了黄河、淮河、大运河曾经的交汇处——清朝时叫作"清口"。清朝有一位河道总督，名叫靳辅，曾在这里治理水患，当时治河、通漕的一个关键点就在此地。通漕首先要治河，治河的重点是黄河。康熙皇帝对此非常重视，每次下江南时都会来这里进行巡视和考察，并且选派既有治水经验，又廉洁刚正的能臣来做河道总督。

河道总督是什么呢？明朝时，由都御史负责河道事务，不设专职的河道总督。清朝时开始设置专职河道总督，俗称"河台"，主管黄河、运河和淮河的堤防、疏浚等事宜。康熙朝仅设置一位河道总督，后来到了雍正朝分成三个职位：江南一位，称为"南河总督"，驻在清江浦（今江苏省淮安市）；山东一位，称为"东河总督"，驻在济宁州（今山东省济宁市）；直隶一位，称为"北河总督"，由直隶总督兼任，驻在保定府（今河北省保定市）。

康熙朝的河道总督前后共有 12 任，这里重点讲靳辅。靳辅是辽宁辽阳（今辽宁省辽阳市）人，出身汉军镶黄旗。他在治水时，身边有一个名叫陈潢的帮手。两人的相遇非常奇妙，这是怎么回事呢？

题壁诗背后的人才

康熙十年（1671 年），靳辅被任命为安徽巡抚，在去安徽上任的途中，路过邯郸，顺便游览了吕翁祠，偶然在墙壁上发现有人题了一首诗，就读了起来：

四十年中公与侯，虽然是梦也风流。

我今落魄邯郸道，要替先生借枕头。

这首诗散发出豪迈的气息，而黄粱梦的典故就是出自邯郸，显然，作者是在表示他可以帮助别人实现梦想。于是，靳辅就设法找到了题壁诗的作者——陈潢。陈潢是浙江钱塘（今浙江省杭州市）人，聪明好学，但是怀才不遇，参加科举考试屡试不中，落魄漂泊在京城。后来他潜心研究治水，饱读治理河患的书籍，但空有一

身本领，却没有用武之地，颠沛流离，来到邯郸。靳辅见到陈潢后，两人相见恨晚，谈得非常投机，靳辅就把陈潢留在身边做幕僚。

康熙十六年（1677 年）二月，康熙皇帝任命靳辅做河道总督。当时水患频发，前几任河道总督都没有好下场，河道总督一职变成了"高危职业"，所以官员们都害怕做河道总督，正所谓"闻者心惊，见者胆寒"。靳辅也是惶恐不安，这时陈潢鼓励靳辅说："大丈夫要激流勇进、知难而上。河道年久失修，正好需要有人奋起担当，挑起此重担，非公莫属！"

靳辅的治水措施

靳辅做了河道总督后，和陈潢日夜奔波，沿河考察，访问有经验的老人，最后决定把治理的重点放在清口。前面讲过，清口是黄河、淮河、大运河交汇之处，这里水灾连连，又是南北漕运重地，堪称漕运的"咽喉"。所以靳辅决定要下大力气

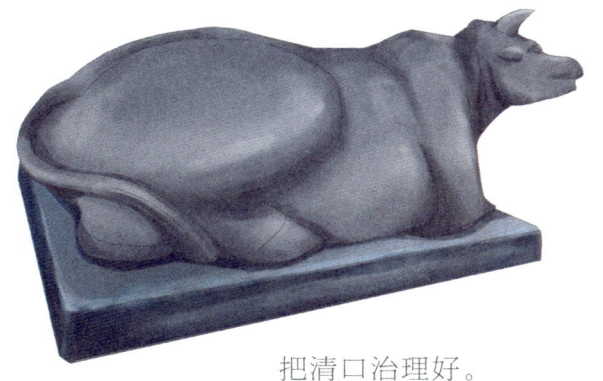

把清口治理好。

怎么治理呢？靳辅给康熙皇帝连上了8封奏疏，提出治河方案：统审全局——从整体着眼，秉持全局观念，多省同时治理；河运并治——黄河和运河综合治理；浚河筑堤——疏浚河道，加筑堤坝；束水攻沙——积蓄大水来冲刷泥沙。康熙皇帝非常认同和支持他的方案，命他尽快实施。于是，靳辅结合当时的具体情况，开始实施方案：

疏通河道。采用明朝时期著名治水专家潘季驯的治水经验，改造和扩修淮河高家堰重堤，让淮水从清口汇入黄河时加速，以此冲刷黄河水中夹带的泥沙，从而疏通河道；在黄河入海前流经的高邮、宝应等地修筑堤坝，让黄河加速汇入大海。

保障和加快泄洪。在主堤外的2千米左右处再筑一道堤坝——也就是"遥堤"，一旦洪峰过大，就可以多一道泄洪的堤坝，这样就可以有效避免黄河堤坝决口、河水泛滥成灾等情况的发生。

漕运绕开黄河。从江苏的淮阴（今江苏省淮安市境内）到邳（pī）县，开辟一条新的运河——也就是后来的"中运河"。

原来漕运的船只走到这里时，要经过一段黄河才能进入大运河，这一段黄河航道不稳定，有时风大浪险、水流湍急，每条船增加20多名纤夫也只能前进十几千米；有时遇到浅滩，还要把货物卸下，陆运过浅滩后，再重新装船。开辟中运河以后，船只从中运河通过，就可以避开黄河河道的风险，还节省了时间。

后来黄河决口，造成洪泽湖湖底淤泥堆高，湖水漫出堤坝。靳辅和陈潢在洪泽湖的高家堰堤坝展开护堤工程，还在堤堰上建造了名为"仁""义""礼""智""信"的5个减水坝，又在大堤上建造了石头堡，以便观察水势。最后还用铁铸造了9头牛、2只虎、1只鸡，安置在堤坝上，期盼"金鸡报晓"可以警示提防，"九牛二虎"之力可以保护堤坝。现如今，当地只剩下1头铁牛静卧在堤坝上，见证着300多年的变迁。

逃不过"河道总督"的结局

靳辅和陈潢率领民工日夜在工地上辛苦劳作，取得了不小的成就。但是，水患并没有被完全解决，仍然时有发生，而且造成的负面影响比较大，靳辅因此饱受质疑。

靳辅治河的第二年，就开始遭受各种质疑。康熙十七年（1678年），天降大雨，上游河水暴涨，下游尚未完工的堤坝发生多处决堤，此事引起震动。御史认为靳辅耗费巨资，却没有解决问题，有渎职之嫌。根据《康熙起居注》记载，康熙皇帝在内阁会议上也感叹道："修治决口，费如此多的钱粮，不久复决，此事如何？"最后，康熙皇帝将靳辅革职，让他戴罪治河。

到了康熙二十一年（1682 年），靳辅治河再次引发巨大争议。这一年，黄河下游有两处决堤，一位官员上奏疏否定靳辅的治河方案，提出靳辅修建减水坝治水的方法有误。康熙皇帝派人前往当地调查，又命朝廷会议讨论，并召靳辅到京城答辩。靳辅在答辩时坚称自己的方法没有错，康熙皇帝最终被靳辅说服，命靳辅继续治水。后来，按照这个方案治水的效果显著，康熙皇帝又恢复了靳辅的职位。

康熙二十七年（1688 年），御史郭琇弹劾大学士纳兰明珠结党营私，靳辅因和纳兰明珠来往甚密，被归为纳兰明珠一党。其他御史纷纷落井下石，弹劾靳辅治理河道多年，耗资千万却无政绩。靳辅深陷"渎职"和"朋党"两案之中，康熙皇帝下令停止修筑重堤，免去靳辅河道总督之职，陈潢被逮到京城下狱，忧愤

而死。

身死而理念存

康熙二十八年（1689 年），康熙皇帝第二次下江南时，在于成龙的陪同下视察高家堰。康熙皇帝坐在堤坝上和大臣讨论治河事宜，亲眼看到在靳辅的治理下，水势已经和缓，沿途还听到当地的百姓称颂靳辅。康熙三十一年（1692 年），靳辅被重新任命为河道总督，他带病上任，在视察河工时昏倒在河岸上，不治身亡。康熙皇帝得知后痛心疾首，感叹大清失去了一位治河良臣，特意为靳辅钦赐葬礼，加谥号为"文襄"，以此来表彰靳辅。

靳辅去世后，于成龙做了河道总督。于成龙和靳辅就治河之法曾经有过激烈的争论，靳辅主张筑坝束水，冲刷入海口。于成龙却认为他说的减水坝会堵塞入海

口，主张扩大入海口。当时于成龙的意见占了上风，但他做了河道总督后却没有实行自己当时提出的方案，而是延续了靳辅的做法。

康熙三十三年（1694年），康熙皇帝召见于成龙，君臣之间有这样一段对话。康熙皇帝问："靳辅修的减水坝当真会堵塞入海口吗？"于成龙回答："不会堵塞，我会按照靳辅的方案继续实施。"康熙皇帝又问："既然如此，你为什么不早陈述呢？你排挤他人容易，亲身担任河道总督就难了，这不是证明吗？"于成龙回答："臣那时是妄言，以后会按照靳辅的办法去做。"

身死而理念存，这是对靳辅治河之功最好的肯定。

靳辅治河

统审全局

从整体着眼，秉持全局观念，多省治之

河运并治

黄河和运河综合治理

浚河筑堤

疏浚河道，加筑堤坝

束水攻沙

积蓄大水来冲刷泥沙

漕运绕开黄河

开新运河——中运河

14

皇帝的洋先生

皇帝跟着洋先生学些什么呢？

顺治皇帝把德国传教士汤若望称作"爷爷"，和他交往密切、无话不谈，连皇位继承这样的大事，都会询问汤若望的意见。汤若望还做过清朝的钦天监监正——相当于现在的国家天文台台长，他参与编修的新历法——《时宪历》也在清朝时期正式推行。

中西历法的对抗

康熙三年（1664 年），钦天监的杨光先上书攻击汤若望和《时宪历》，指责《时宪历》只编了 200 年，是在诅咒大清只能统治天下 200 年。当时的辅政大臣鳌拜等人认同了杨光先的意见，就把汤若望关进了监狱，任命杨光先为钦天监监正，废除了《时宪历》，恢复旧历法。当时还有一个人也受到了此事的牵连，他就是来自比利时的传教士南怀仁。

南怀仁曾学习过数学和天文，顺治七年（1650 年）来到北京，协助汤若望修订历法，汤若望被处罚时，南怀仁也被牵连下狱。

汤若望、南怀仁被下狱后，恰巧京城地震，康熙皇帝大赦天下，他们的死刑得以免除，后又经过孝庄太皇太后的干预，两人最终被释放。康熙五年（1666 年），汤若望在京城病逝。

康熙皇帝亲政以后，杨光先等人向皇帝进呈了当年的历书。康熙皇帝让南怀仁查看，南怀仁指出其中有 5 条误差。于是，康熙皇帝就让杨光先和南怀仁当面进行辩论，他们都坚持己见。康熙皇帝又命大学士和六部大臣，一起到观象台和皇宫的午门前测验。结果 3 次测验结果都表明南怀仁是对的，杨光先是错的。最后，康熙皇帝将杨光先革职了，任命南怀仁被为钦天监监副，管理监务，又恢复使用《时宪历》。

皇帝的第一位洋先生

康熙皇帝在这件事中受到了一些刺激，当杨光先和南怀仁在争论和测验的时候，文武百官中没有一个人懂得其中的科学原理，还是在南怀仁讲解后大家才明白的。自己都不明白，凭什么判断别人的对错呢？这就促使康熙皇帝吸纳西学，学习科学。

于是南怀仁成了康熙皇帝的第一位洋先生，他给康熙皇帝讲解天文学、数学等知识，还制成了 6 件重要的科学仪器。测定天体黄道坐标的黄道经纬仪、测定天体赤道坐标的赤道经纬仪、测定天体地平坐标的地平经仪和地平纬仪、测定两个天体间角距离的纪限仪和表演天象的天球仪，其中黄道经纬仪和纪限仪是清朝以前没有的。这些都是当时世界上最精确的仪器，如今我们在北京建国门的古观象台上，还能看到这些仪器。

康熙九年（1670 年），南怀仁运用科学知识做了一件漂亮事。当时为了修缮顺治皇帝的孝陵，需要把 4 块巨大的石头运过卢沟桥。其中 2 块是碑石，每块重 7 万斤（相当于现在的 35 吨）；另 2 块是基石，每块重 12 万斤（相当于现在的 60 吨）。卢沟桥年久失修，难以承受如此重压，这成了工部的难题。有关人员提出两个方案：一是用 300 匹马拉车运载；二是避开卢沟桥，在河床上修路通过。工部官员不知哪个方案更好，只能向南怀仁请教。

南怀仁到现场仔细察看，提出绝不可用马匹牵引车辆运石头，因为数百匹马运动时，会产生剧烈而有规律的震动，这比巨石对桥的破坏程度还大；也不建议从桥下修路运输，这样会耗费大量的时间和金钱。那怎么办呢？南怀仁设计了一套牵引系统，用 12 组滑轮和 24 条绳索起动绞盘，使巨石在桥上平缓移动，最后让这些巨石成功通过了卢沟桥。

在平定三藩之乱时，南怀仁还制造出了便于携带的轻便火炮，这种火炮炮身小、火力大、命中率高、运输方便，清军将士称它为"得胜炮"。康熙皇帝为表彰南怀仁的功绩，给他加了工部右侍郎的头衔。

痴迷西学的康熙皇帝

康熙二十七年（1688 年），南怀仁骑马摔伤后去世，享年 66 岁。南怀仁去世后，法国传教士张诚、白晋成了康熙皇帝新的洋先生，他们为康熙皇帝讲解天文、历法、数学、医学、化学、药学、人体解剖学等自然科学知识。张诚和白晋要先学习满族的语言和文字，然后把西洋教材译成满文，用满语为康熙皇帝讲解。

康熙皇帝认真听讲，反复练习，亲手绘图，有不懂的地方就立刻提问，常常连续学习好几个小时，非常痴迷。他还经常练习算法公式和仪器的用法，他用过的对数表、圆规、角尺、比例规等，至今还收藏在故宫博物院里。

白晋和张诚还在皇宫里设立了化学实验室，用西洋的方法制药，这个实验室可以说是中国最早的西药制造作坊。康熙三十二年（1693 年）五月，康熙皇帝得了疟（nüè）疾，御医治不好，张诚、白晋献上西药金鸡纳霜（又名"奎宁"），康熙皇帝服药几天后，病就治好了。康熙皇帝从此对西医、西药产生了浓厚的兴趣，张诚、白晋就把自己知道的西药配方、疗效和制作方法，用满文写成了 3 本小册子，一共介绍了 30 多种药品。

康熙五十二年（1713 年），康熙皇帝在畅春园创建了蒙养斋算学馆，专门负责天文观测、编纂大型历算、声乐著作等工作，法国传教士称它是"皇家科学院"。蒙养斋算学馆集中了一些有潜力的人，比如前面介绍过的梅文鼎之孙，还有皇三子胤祉等人，都在蒙养斋算学馆学习。在蒙养斋算学馆编纂成书的《律历渊源》，是一部反映当时中国自然科学最高水平的总结性的巨著，它系统地收集、编排了明末清初传入中国的西洋数学、天文学及声律学等知识，也汇集了中国传统的历算及声乐精华。

康熙皇帝喜欢读书，善于读书，既学习中国传统文化，又学习西方科技文化，是一位学习型的皇帝。但遗憾的是，他并没有把学习西方科学纳入国家的政策和管理体系中，也没有改变当时的教育体制。

15

《皇舆全览图》的诞生

绘制一张准确的全国地图有多困难？

在古代，大部分皇帝的活动范围是十分有限的，他们很难随意离开皇宫，但康熙皇帝是个例外。我在前面讲过，康熙皇帝曾6次下江南，亲自勘察河道情况，并多次御驾亲征，所以他出宫的次数是比较多的，这也为他考察地理情况提供了契机。

康熙皇帝对地理学的热爱

每次出行时，康熙皇帝都喜欢结合地图来了解山川河道、险要关口。上文讲过，康熙皇帝还跟外国传教士南怀仁、张诚、白晋等人学习天文、历法、算术、地理和几何等知识，因而对地理学的重要性有了更加深刻的认识。他学会使用测量仪器后，在外出时，每到一处，都要进行实地测量，调查当地的地貌、地质、水文等情况。

　　比如，康熙皇帝在亲征噶尔丹的行军途中，就详细地调查过所经之处的风俗、地理情况，把记下来的材料寄给留在京城的皇太子。康熙三十五年（1696 年）四月二十一，他在给皇太子的信中讲了行军中的饮水问题，说："出了喀伦①就没有土地了，沙漠里的地面也很坚硬，走到上面也不会陷下去……凿井也很方便，一个人都能凿二三十处。因为取水的湖泊离扎营的地方比较远，都是在营帐附近凿井取水。可以凿井的地方也很容易分辨出来。蒙古语叫'善达'的地方，地势浅又湿润，挖上不到一米就有水了；叫'塞尔'的地方，是地下山泉流经的地方，稍微挖一下就能得到泉水；'布里杜'是一种丛草间积留的雨水，水质不佳……"可见，他对所经地方是做过详细调查的。

一份准确的地图很重要

　　在亲征噶尔丹的行军途中，康熙皇帝还会亲自带领身边的人进行实地测量，以明确军队所在方位及其与京城的距离。康熙皇帝在黑龙江的喀伦，用仪器测量出当地的纬度比京城的高 5 度。当时康熙皇帝规定过 1 纬度等于 200 里，照此计算，测量地离京城有 1000 里（相当于现在的 500 千米）。第二年他到宁夏，又用仪器测量，算出这里离京城 2150 里（相当于现在的 1075 千米），而且明确了宁夏在京城正西偏南的位置。

　　多次的出巡、征战，让康熙皇帝迫切地需要拥有一份更为准确的全国地图。为什么这么说呢？因为跟西方传教士的学习以及实际的应用，都让康熙皇帝意识到：通过传统的测绘方法得到的地图没有经度和纬度的概念，不够准确，也没有准确的方位，仅凭大概的方向和地标来使用地图，很容易出现偏差。而且清朝的疆域和地理方位较以往的其他时期是有很大差异的，但当时的地图并没有什么革新和变化。如果采用西方的测绘方法重新测绘各省地图，然后再总绘，就可以得到一幅相对精确的全国地图。这样，不管是作战还是远游，都可以很方便地规划路线、明确方位，有非常重大的指导价值。但是中国幅员辽阔、地形复杂，想要实现这个目标是很不容易的！所以康熙皇帝为此做了许多准备。

---

　　① 清代在边疆险要关隘设立的军事哨所。

绘制地图精心部署

为了全面了解并掌握目前疆域的具体情况，加强中央统治，康熙二十五年（1686年）八月初三，康熙皇帝命令地方官员把各省地图画好之后送到兵部，编纂了一部地理志——《大清一统志》。

康熙三十二年（1693年），法国的传教士白晋受康熙皇帝所托，回法国招募更多的传教士来华，张诚等传教士则负责培训中国的学生。康熙皇帝还派了一些传教士到广州和澳门采买测量的相关仪器。这些都是为测绘工作做进一步的准备。

康熙四十三年（1704年），宫廷二等侍卫拉锡等人被派出考察黄河的源头。他们考察了星宿海、鄂陵湖和扎陵湖，以及黄河从鄂陵湖流出的路线，并且绘制了地图《星宿河源图》，为后来的《皇舆全览图》提供了重要的参考。

由于这次绘图是第一次使用经纬度制图法，为了慎重从事，需要对这种方法进行充足的论证。在大规模展开测绘工作之前，康熙皇帝下令先在京城进行试点。康熙四十六年（1707年），传教士张诚、白晋等人受命，对京城及附近地区进行试测，数月之

后绘出了样图。康熙皇帝亲自校勘核查，认为通过经纬度制图法测绘的地图确实比往常使用的地图要更精确，试测成功了！

艰难又漫长的测绘过程

经过几十年的准备和部署，康熙四十七年（1708年），全国的测绘工作正式开始。康熙皇帝先后任用传教士白晋、雷孝思、杜德美等人，把他们分成多个测绘组，分别到全国各地进行实测，并调派一批官员和技术人员配合和监督他们。

测绘组分批从京城出发，有的到达山海关以后，沿着长城西行，直到肃州（今

甘肃省酒泉市），然后往西宁走，再返回京城，绘制出了一幅长城的地图。这幅地图现在被收藏在梵蒂冈博物馆。有的测绘组从辽东入手，测量东北一带，绘出《盛京全图》《乌苏里江图》《黑龙江口图》《热河图》等地图。他们还测绘了北直隶（当时隶属北京的地区，相当于现在的北京市、河南省、河北省大部分地区和山东省的小部分地区）的地图。康熙皇帝又派人重点测绘边防要地墨尔根城和卜魁城等地区的地图。

康熙五十年（1711 年），康熙皇帝增加了测绘组人员，将测绘组分成两队，一队测绘山东及其沿海一带的地图，另一队出长城，测绘喀尔喀蒙古的地图，途经甘肃、陕西、山西，然后再返回京城。

康熙五十一年（1712 年），测绘河南、江南、浙江、福建、台湾等地的地图。康熙五十二年（1713 年），测绘四川、云南的地图。康熙五十四年（1715 年），测绘贵州、湖广（今湖南省和湖北省）的地图。康熙五十六年（1717 年），在蒙养斋算学馆学习数学和测量的两名喇嘛，被派出测绘西宁至拉萨的地图。

至此，除了现在的新疆维吾尔自治区等少数地区外，其他地区的测绘工作已经基本完成。

《皇舆全览图》的重大价值

康熙五十七年（1718 年），由传教士杜德美等人按照统一比例，把各省地图编辑在一起，手绘出一套总图，一共 32 幅，也就是最后的《皇舆全览图》。《皇舆全览图》是中国第一套经过大规模实测、用科学方法绘制、有经纬线的地图，也是世界地理测量史上的伟大成果之一。这套地图所绘范围，东北到库页岛，东南到台湾岛，西到伊犁河，北到北海（今贝加尔湖），南到崖州（今海南岛），乾隆时期又把新疆地区的地图补充了进去。

康熙五十八年（1719 年），内阁大学士蒋廷锡献上《皇舆全览图》，康熙

皇帝看到这套地图后，自豪地说："这幅《皇舆全览图》，花费了 30 多年心力才终于完成，图中的山脉水道都和古书《禹贡》的记载相吻合。"他让蒋廷锡和其他朝廷大员仔细检查这套地图，发现问题就指出来。可惜的是，这套 32 幅手绘图的原稿，我们现在已经看不到了。

绘制《皇舆全览图》是康熙朝的一项伟大的文化工程，这套地图也是中西文化交流的一项重大成果。这源自康熙皇帝和法国国王路易十四之间的沟通交流——传教士白晋、张诚等人，是路易十四派来的，在白晋的牵线搭桥下，这两位帝王还互相交换过礼物。

总之，《皇舆全览图》是康熙皇帝领导和组织进行全国测绘取得的重大成果，使中国测绘技术落后的局面得以改观，走在了世界前列。这套地图时至今日仍对我国的地图绘制有一定的影响，它已经成为中华文化的宝贵遗产之一。

阎爷爷大讲堂

现存的《皇舆全览图》有多种版本，有三种在此简要说明一下：

第一种，木刻设色印本，28 幅，收藏在故宫博物院。

第二种，铜版图印本，收藏在沈阳故宫博物院，是在康熙五十八年（1719 年），由意大利传教士马国贤负责印刷并发行的铜版图。在这个版本中，内地各省用汉字标注，东北和蒙古、西藏等地区用满文标注，所以又称为《满汉合璧清内府一统舆地秘图》。直到民国初年，国内外出版的各种中国地图还大多来源于这套地图。

第三种，木刻设色印本，32 幅，收藏在故宫博物院，是康熙六十年（1721 年）完成的第二次木刻版图。西方传教士把这套地图传到德国、法国、荷兰等国，出版过很多版本。

附录①：本册大事记

康熙十二年（1673 年）二月

尚可喜上奏疏乞归，拉开了康熙皇帝撤藩的序幕

康熙十二年（1673 年）

吴三桂起兵造反；耿精忠逼迫陈梦雷为其效力；
陈梦雷和李光地利用蜡丸向清廷传递情报

康熙十六年（1677 年）二月

靳辅任河道总督，开始治河

康熙十六年（1677 年）十月

康熙皇帝设立南书房

康熙十七年（1678 年）三月

吴三桂在衡州称帝

康熙二十年（1681 年）

清军攻破昆明，吴世璠自杀，延续 8 年之久的"三藩之乱"
终于被平定

康熙二十二年（1683 年）六月

施琅率领清朝水师向澎湖进发；蓝理在此战中成就"破肚
将军"之名

康熙二十二年（1683 年）八月

施琅收复台湾

康熙二十三年（1684 年）— 康熙四十六年（1707 年）

康熙皇帝六下江南，开创了清朝皇帝南巡的先例

康熙二十四年（1685 年）— 康熙二十五年（1686 年）

两次雅克萨之战

康熙二十八年（1689 年）

中俄双方达成协议，签订了《尼布楚条约》

康熙二十九年（1690 年）— 康熙三十六年（1697 年）

康熙皇帝 3 次御驾亲征噶尔丹

康熙三十年（1691 年）

康熙皇帝组织喀尔喀蒙古大会盟，把清朝制度推行到喀尔
喀蒙古中，将其正式列入清朝统治的版图

康熙三十一年（1692 年）

靳辅被重新任命为河道总督，在视察河工时昏倒，不治身亡

康熙三十六年（1697 年）

恪靖公主下嫁给土谢图汗的孙子敦多布多尔济

康熙三十七年（1698 年）

康熙皇帝接见陈梦雷，陈梦雷 17 年的流放生活结束

康熙四十年（1701 年）

陈梦雷开始编纂《文献汇编》

康熙五十二年（1713 年）

蒙养斋算学馆成立

康熙五十八年（1719 年）

《皇舆全览图》完成

附录②：故宫平面示意图

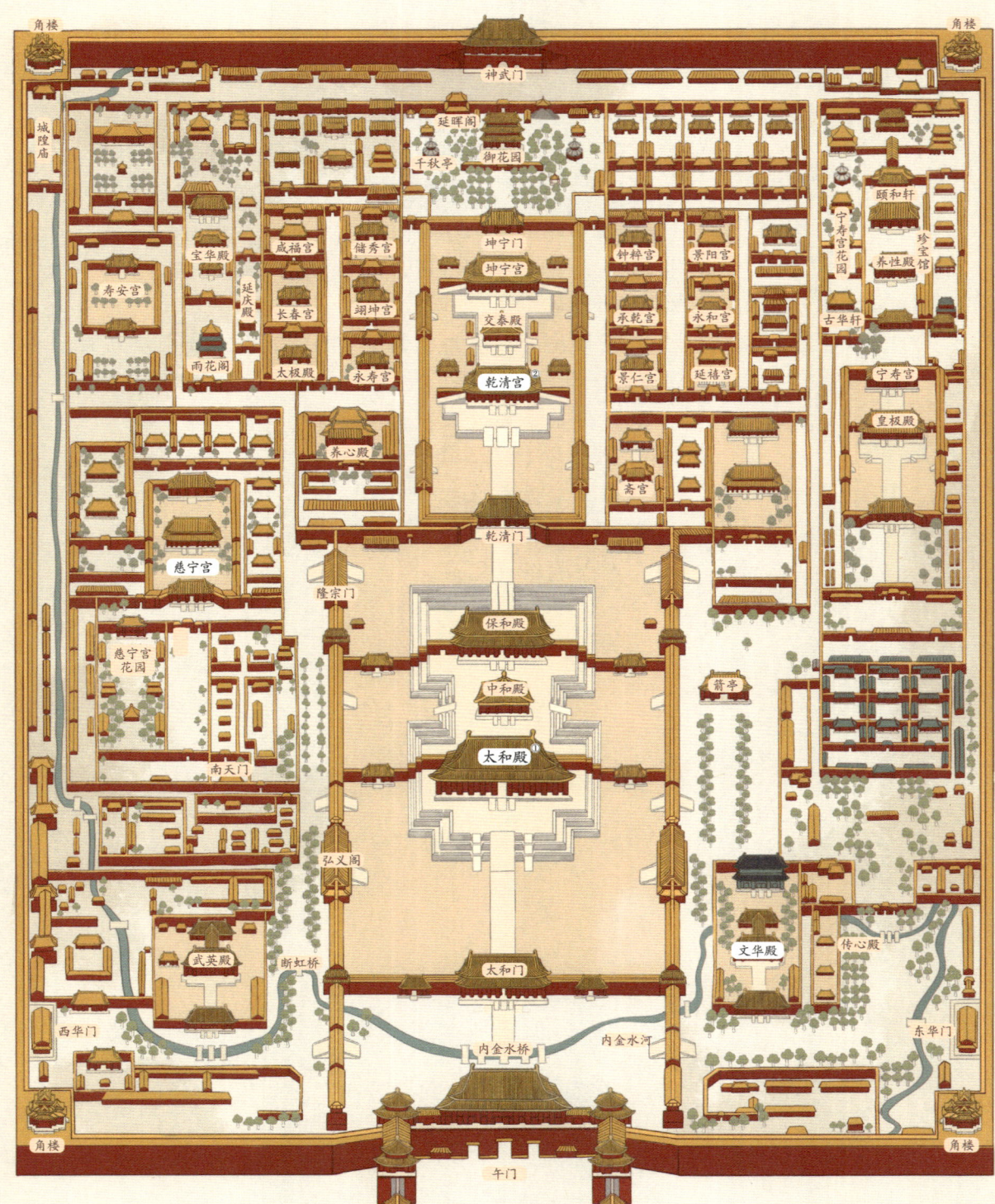

角楼　角楼

神武门

城隍庙

延晖阁
御花园
千秋亭

颐和轩
宝华殿　咸福宫　储秀宫　坤宁门　钟粹宫　景阳宫　宁寿宫花园　珍宝馆
养性殿
寿安宫　延庆殿　坤宁宫　古华轩
长春宫　翊坤宫　交泰殿　永乐宫　永和宫
雨花阁　太极殿　永寿宫　乾清宫②　景仁宫　延禧宫　宁寿宫
皇极殿
养心殿
斋宫

慈宁宫　乾清门

隆宗门　保和殿　箭亭

慈宁宫花园　中和殿

太和殿

南天门

弘义阁

武英殿　文华殿　传心殿
断虹桥　太和门

西华门　内金水桥　内金水河　东华门

角楼　午门　角楼

① 太和殿，俗称"金銮殿"，位于紫禁城南北主轴线的显要位置。明永乐年间建成，称"奉天殿"，明嘉靖年间改称"皇极殿"，清顺治年间改今名。自建成后屡遭焚毁，又多次重建，今天所见为清康熙年间重建后的形制。

② 乾清宫，内廷后三宫之一。始建于明永乐年间，明清两代曾因数次被焚毁而重建，现有建筑为清嘉庆年间所建。